Der Lebensw

ROSSANA CONDOLEO

GLÜCKLICH TROTZ SCHEIDUNG

DER LEBENSVERÄNDERNDE,
KOMPLETTE
SCHEIDUNGSRATGEBER

Bibliografische Information der Deutschen Nationalbibliothek:
Die Deutsche Nationalbibliothek verzeichnet diese Publikation in der
Deutschen Nationalbibliografie; detaillierte bibliografische Daten sind im
Internet über http://dnb.dnb.de abrufbar.

Buchtitel: GLÜCKLICH TROTZ SCHEIDUNG
Untertitel: Der Lebensverändernde, Komplette Scheidungsratgeber
Copyright © 2013-2017 Rossana Condoleo
www.rossanacondoleo.com

GLÜCKLICH TROTZ SCHEIDUNG ist auch als E-Book erschienen.
Mehr unter www.rossanacondoleo.com

Übersetzung: Friederike Moldenhauer
Buch- und Umschlaggestaltung: Rossana Condoleo
Cover Fotos: Fotolia ©Giordano Aita - ©Iceteastock

22. April 2017
Verlag: Rossana Condoleo, Ingolstadt
Taschenbuch
ISBN 978-3-947120-99-4

INHALT

Für meine Tochter Camilla Johanna Teresa,
die in meinem Leben
wie die Morgensonne strahlt

EINLEITUNG

Mein Leben lang hatte ich einen ausgeprägten Sinn für Aufrichtigkeit, Dies trifft auf mein Leben, auf meine Überzeugungen, meine Projekte und meine Beziehungen zu. Aufrichtigkeit muss auch die Basis jeder Ehe sein.

Ich glaube wirklich an die Worte „*Ich verspreche dir Treue in guten wie in schlechten Tagen, in Gesundheit und in Krankheit, bis dass der Tod uns scheidet*" und mit meinem Buch stelle ich diese Institution keineswegs infrage. Doch es gibt nichts, was du *teilst*, das dir ganz gehört, wie ich selbst erfahren musste; eine gute Ehe kann nicht in der Verantwortung einer Person allein liegen. Ich bin davon überzeugt, dass wenn sich beide Partner dem Erfolg ihrer Ehe verpflichten, eine Scheidung selten Thema sein wird, trotz der Veränderungen, die beide Eheleute im Laufe des Lebens durchmachen.

Ich empfinde es als meine Aufgabe, denjenigen, die weder die Gelegenheit noch das Glück hatten, ihre Ehe „*bis dass der Tod uns scheidet*" zu führen, zumindest die Gelegenheit und das Glück aufzuzeigen, den Rest ihres Lebens unter der besten Voraussetzung zu verbringen: Es war keine glückliche Ehe aber es wird, auf alle Fälle, eine *glückliche Scheidung* sein! Du hast das Recht, glücklich zu sein, und nichts und niemand kann Dir so viele Schwierigkeiten bereiten, dass Du vergisst, wer Du bist und was Dein Ziel ist. Daher habe ich es übernommen, Deine Scheidung zur größten und besten Chance Deines Lebens zu machen. Deshalb habe ich diesen vollständigen, all-inclusive, 360°-Ratgeber geschrieben. Er erklärt, erhellt, berät, gibt Antworten, betont, konzentriert, unterstützt, motiviert, hilft, entwickelt, verbessert, führt, beruhigt (kurze Meditations- und Visualisierungsübungen sowie positive Affirmationen sind auch dabei), er stärkt und verleiht Dir Energie während und nach der Scheidung.

TEIL I dieses Buches konzentriert sich eher auf die emotionalen Aspekte; er bereitet Dich auf die Ansätze und Reaktionen auf die eher praktischen Themen vor, die in Teil II angesprochen werden. Danach wirst Du:

- Stress und Trennungsschmerz überwinden,

- Die Macht der Gedanken mithilfe verschiedener Theorien entdecken und entwickeln,

- Deine Energien darauf lenken, den körperlichen Herausforderungen, die eine Scheidung mit sich bringt, standzuhalten,

- mit der emotionalen Last umgehen, die mit diesem Vorgang verbunden ist; und Harmonie und Gleichgewicht schaffen,

- Deine Frustration mindern, und das Gefühl wiedererlangen, dass Du die Kontrolle über Dein Leben hast,

- neue Möglichkeiten entdecken,

- Dir der paradoxen inneren Kraft bewusst werden, die durch die Scheidung ausgelöst wird (die sich sonst negativ auswirken würde, denn Scheidung löst großen Stress aus, der nur durch den Tod des Ehepartners übertroffen wird) und sie zu Deinem Vorteil nutzen,

- in Kontakt mit Deinem inneren Selbst kommen, um herauszufinden, was Du wirklich willst, und was Deine eigentlichen Träume und Ziele sind,

- Ziele in allen Aspekten des Lebens setzen, und

- Dich motivieren, Deine Träume umzusetzen zu können.

In **TEIL II** geht es um all die Themen, mit denen Du Dich bei einer Scheidung auseinandersetzen musst. Das reicht vom Umgang mit schmerzhaften Situationen in Gruppen, bei der Arbeit und in der Familie, darüber, den Kindern die Situation zu erklären, sich wieder zu verabreden, bis dazu, sich einen guten Anwalt zu suchen, was wahrscheinlich eines der wichtigsten und nützlichsten Kapitel in diesem Buch ist. Die Liste ist so lang, dass ich Dich lieber auf die Inhaltsübersicht verweise.

Nimmst Du die Informationen, Konzepte, Ideen, Lösungen und Anregungen zur Selbsthilfe, die Du in diesem Buch findest auf, werden sich alle diese Elemente von selbst in Deinem neuen Leben wiederfinden, gleich von der ersten Seite an. Du wirst Dich sofort stärker fühlen, getröstet, gekräftigt und tatsächlich selbstbewusster, sodass Probleme nicht mehr die zentrale Stellung in Deinem Leben einnehmen werden. Glücklich zu sein und Dir Deine Träume zu erfüllen, werden Deine Gedanken bestimmen. Und das wird ohne besondere Anstrengung in einem natürlichen und faszinierend schnellen Umdenkprozess geschehen. Alles, was Du tun musst, ist meinen Worten Glauben schenken, und daran glauben, dass Du alles erreichen kannst, was Du nur willst. Das starke Gefühl, neugeboren zu sein und die Tatsache, dass Du ein Ergebnis nach dem anderen einfährst, Erfolg nach Erfolg bekommst, wird Deinen Optimismus stärken, dir Energie verleihen und jede neue Herausforderung in eine neue, aufregende Chance verwandeln. Alles, was Du schaffst, ist allerdings hauptsächlich das Ergebnis Deiner eigenen Initiative und Bemühungen.

GLÜCKLICH *TROTZT* SCHEIDUNG coacht Dich liebevoll im Scheidungsverlauf und noch auch danach; es bleibt ein Leben lang Dein Begleiter im Hintergrund für den Fall, dass Du vergessen solltest, wie wichtig Du bist, und wie schön es sein kann, Deine Träume zu leben.

Und nun, da Du wahrscheinlich Deine Zeit nicht länger damit verschwenden willst, das Vorwort zu lesen, wenden wir uns gleich dem Kern der Sache zu und fangen an, an Deiner persönlichen Entwicklung zu arbeiten. Lass mich Dir nur noch eine unbekümmerte, harmonische, erfolgreiche glückliche Scheidung wünschen!

TEIL I

ICH SEHE MEINEN WEG

Ich führe meine Gedanken
Ich finde zu mir
Ich setze meine Ziele

MIT DER SCHEIDUNG FERTIG WERDEN

Die Akzeptanz dessen, was geschehen ist, ist der erste Schritt, die Konsequenzen jeden Unglücks zu überwinden.

William James (1842 – 1910)
Amerikanischer Psychologe und Philosoph

Denkst Du über Scheidung nach, aber die Chancen, dass die Trennung nicht zu Deinem Nachteil und in geregelten Bahnen verläuft gehen gegen Null? Wartest Du auf den letzten Auslöser, das letzte *Genug ist Genug* (d. h. er/sie muss sich so schlimm benehmen, dass ein Alien eine blasse, wohlduftende Alternative ist?), damit Dir die Entscheidung schließlich leichter fällt? Sowohl die Scheidung, die seit Jahren in der Luft liegt, als auch die, die aus heiterem Himmel kommt, kann destabilisierende Auswirkungen auf Dein Leben haben.

Sich von einer ehemals geliebten Person zu trennen ist manchmal eine echte Tragödie, besonders wenn Du die schwächere Partei bist (der- oder diejenige, die weniger verdient, sich um die Kinder kümmert, aus einem anderen Land kommt, etc.). Dennoch kann der Schwebezustand oder der Zustand, eine unschöne aber nötige Entscheidung aufzuschieben, auf lange Sicht sogar noch schmerzhafter und verheerender sein als eine Scheidung an sich. Ob Du über eine Scheidung nachdenkst oder Dich schon in diesem Prozess befindest, der einfachste und offensichtlichste Grund dafür, dass Du mein Buch liest, ist, dass Deine Ehe nicht funktioniert! Sei es die Schuld Deines Partners oder Partnerin oder Deine oder die der Umstände – die Beziehung zu Deinem oder Deiner Ex (ich verwende *Ex* der Einfachheit halber) hat so gelitten, dass sie vielleicht nicht wieder gerettet werden kann. Dies beweist sich insbesondere dann als richtig, wenn Du bereits alle nötigen Schritte unternommen hast, um Eure heilige Verbindung zu retten, aber jeder einzelne jämmerlich gescheitert ist (zum Beispiel Familientherapie, Urlaub und Aktivitäten mit dem Ziel, wieder zusammen zu kommen etc.).

Dann ist es tatsächlich so, dass Du es akzeptieren musst: Akzeptiere es, dass es Deiner Ehe ungeachtet aller positiven Anstrengungen, die Gesamtsituation zu ändern, an grundlegenden Elementen mangelt, die sie zu einer glücklichen Ehe machen. Akzeptanz hat etwas sehr Tröstliches. Sie löst lang anhaltende Spannungen und setzt Energien frei, um mit den psychologischen und physischen Herausforderungen einer Scheidung umgehen zu können. Das Ende Deiner Ehe zu akzeptieren bedeutet auch, eine Menge wiederkehrender (um nicht zu sagen obsessiver) Gedanken loszulassen, z.B.:

„Warum verhält er/sie sich so und nicht anders, besser?"

„Mit wem ist er/sie jetzt zusammen und nicht bei der Arbeit, wie er/sie gesagt hat?"

„Was kann ich tun, um die Situation zum Besseren zu ändern?"

Bitte zähle nach, wie häufig Du dich mit dieser Art Fragen beschäftigt hast! Und jetzt …? Jetzt gibt es viele andere schöne, positive Gedanken, Möglichkeiten, denen Du im Geiste nachgehen kannst, und wir werden uns allen Kapitel für Kapitel widmen.

Das Leben Deines Ex-Partners oder –Partnerin geht Dich nichts mehr an! Punkt! Das ist erleichternd, nicht wahr? Es ist wie eine Brise in Deinem Kopf, die Deine Gedanken erfrischt und Dir mehr Raum und Kraft gibt, Deine Pläne umzusetzen. Du kannst Dir nicht vorstellen, wie und zeit- und energieraubend und gesundheitsgefährdend diese Gedanken darüber sind, wie krank Deine Ehe ist, wie krank Dein Partner ist und wie krank die Situation ist. Die Situation ist überhaupt nicht krank! Du lässt Dich einfach scheiden und springst nicht von einer Klippe. Du lässt Dich scheiden, was fast 40 Prozent der Menschen um Dich herum bereits hinter sich haben. Du lässt Dich scheiden und trennst Dich von einem Partner, der oder die nicht der beste für Dich war. Du wirst eine Last los, die Dich an Deiner persönlichen Entwicklung, der Erfüllung Deiner Träume und dem Erreichen bestimmter Ziele, ohne die Dein Leben nicht voll ausgeschöpft werden kann, gehindert hat. Eine Ehe, die nicht funktioniert, auch wenn es den Anschein hat, lohnt sich nicht.

Wenn Du auch nicht bewusst bemerkt hast, dass Du bisher eine Lüge gelebt hast, Dein Unterbewusstsein hat es. Dein Unterbewusstsein ist mit der Situation unglücklich gewesen, lange bevor Du es Dir eingestehen konntest, und vielleicht leidest Du schon an einer wachsenden Zahl von psychosomatischen Störungen, die Dich aufrütteln wollen, um dieses Theater zu beenden. Gleich, ob Du der aktive oder passive Teil (hinsichtlich dessen, wer um die Scheidung gebeten hat) bist, das Spiel ist nun aus. Und es ist vorbei, weil etwas sehr Wichtiges für jede langjährige Beziehung fehlt. Dieses Etwas kann Respekt sein, Liebe, Zuneigung, Engagement oder alles zusammen. Du weißt besser als jeder Mensch auf der Erde, warum es passiert ist, was das fehlende Etwas war. Ohne die grundlegenden Elemente bekommst Du ein unvollständiges Surrogat – keine echte Ehe! Und, mal ehrlich, Du kannst und Du willst nicht bis zu dem Ende Deiner Tage mit weniger leben als was Du verdient hast. Du verdienst es, glücklich zu sein, wie die meisten Menschen da draußen. Glaub mir, es gibt viele glücklich verheiratete Paare, die auch nach zwanzig Jahren zusammen noch großartigen Sex haben, und die für einander da sind.

Bitte glaube nicht, dass Deine Ehe eine *gute Ehe* war, nur weil Eure Alltagsroutine augenscheinlich funktionierte.

Und bitte führe nicht an, dass keine Ehe perfekt sei! Das ist die Geschichte, die einige Eltern ihren Kindern, meistens ihren Töchtern, seit Jahrhunderten auftischen, um ihre Erwartungen zu senken, während sie überall nach einem Ehepartner schauen. Einst war eine schlechte Ehe besser als gar keine Ehe, und ich glaube, dass bis heute sicherlich in vielen Kulturen und Subkulturen dieses Konzept immer noch Menschen beeinflusst, die sich damit abfinden, ihr Leben lang unglücklich zu sein.

Was ist bei Euch hinter den Kulissen passiert? Oder was ist bei Euch hinter den Kulissen nicht passiert? Während Du dieses Buch liest, musst Du Dir selbst gegenüber ehrlich sein, denn die Vergangenheit und schmerzhafte und frustrierende Gefühle auszugraben ist hier überhaupt nicht meine Aufgabe. Wie sieht es mit Deinen echten Wünschen aus, Deinem Bedürfnis nach Nähe und danach, Zeit zusammen zu verbringen? Meine Erfahrung, und die vieler geschiedener Menschen, ist, dass das Erste, was fehlt, wenn eine Ehe auf Grund läuft, ist Nähe. Intimität von Körper und Seele. Eine Verschränkung, die zwei zu einer einzigen Einheit macht. Und das sieht man! Ich kann Dir, wenn man Paare auf einer Party beobachtet (die beste Umgebung, um Verhaltensweisen in einer Beziehung einzuschätzen), aufzeigen, ob sie dem Verschleiß standhalten oder nicht.

Ich bin nicht für Scheidung. Ich bin für das traditionelle Familienmodell, das aus dem biologischen Vater und der biologischen Mutter und den biologischen Kindern besteht. Das ist das Modell, mit dem wir großgeworden sind, das *in unserer DNS eingeprägt ist, und wo alles andere als irritierend, unkonventionell oder billig wahrgenommen wird.* Das ist völlig falsch. Die sogenannten Patchwork-Familien haben sich nicht nur als effektiv erweisen, jedem Familienmitglied Fürsorge und Liebe zu geben, sondern sind auch stärker als traditionelle Familien, weil sie Alltagsproblemen begegnen. Das ist ein Paradox, aber es stimmt! In der Tat sind Menschen in anderen Partnerbeziehungen und Familienkonstellationen wie beispielsweise schwule und lesbische Eltern, flexibler, offener und schneller, sich neuen Herausforderungen zu stellen. Das resultiert darin, dass Veränderung und Anpassung die Norm sind, und dass die besonderen Anstrengungen, die es braucht, um mit komplexeren Familiensystemen umzugehen, durch Wohlwollen und Engagement aller Beteiligten reichlich belohnt werden. Wir sollten davon ausgehen, dass die traditionelle Familie eine Stütze der Gesellschaft ist – und so war es auch bis vor vierzig Jahren. Aber seit den Sechzigerjahren änderte sich die Struktur der westlichen Gesellschaft grundlegend, sodass das Modell einer erweiterten starken und stützenden Familie durch das einer autonomen Familie ersetzt wurde, in der Partner fortgehen und dazukommen, und neue Kinder zu bestehenden dazukommen, während die älteren Geschwister geliebt werden, gleichgültig, von welcher Seite sie auch kommen. Ich könnte Dir viele funktionierende Beispiele dieser Art nennen, aber Du musst Dich nur umschauen, um viele solcher Familien zu finden.

Die Menschen reagieren nun stärker auf natürliche Rhythmen, als sie das mit der rigiden und archaischen Mentalität früherer Zeiten getan haben; wie fallende Blätter müssen tote Partnerschaften ersetzt werden. Findest Du dieses Konzept inakzeptabel und vielleicht auch ein bisschen unmoralisch (ich fühle mich auch nicht wohl mit diesem Statement – für *immer* sollte für *immer* sein!), denk daran, wie alles in der Natur geregelt ist und in Zyklen verläuft, um das Fortbestehen des Lebens zu sichern. Diese Kreisläufe können sich von Organismus zu Organismus unterscheiden, aber immer passiert es, wenn etwas nicht länger sinnvoll für die Existenz der anderen ist, dass es einfach zu existieren aufhört.

Menschen sind Warmblüter, und ein Mangel an Nähe macht uns depressiv und unglücklich. Wir brauchen Liebe und die Wärme, die wir durch sie erhalten. In den meisten Fällen hat das Sterben einer Ehe schon so lange angehalten, dass es niemand mitbekommen hat, sodass die Veränderungen zum Schlechten minimal aber gleichmäßig und stet geschehen sind. Einige verlieren wortwörtlich die Kontrolle über ihr Leben, denn wenn sie im Stillen leiden (um nicht die Familie und die Kinder mit ihren Eheproblemen zu belästigen) und sich große Mühe geben, sich an jede neue unangenehme Situation, die der Partner heraufbeschwört, anpassen, vergessen sie, dass auch sie ein Leben und das Recht haben, glücklich zu sein. Andere verfolgen einen Rettungsplan (meistens um der Kinder willen, auch wenn dies völlig ihren eigenen Wünschen widerspricht!); indem sie das tun, erreichen sie vielleicht, das gemeinsame Leben zusammenzuhalten, aber vielleicht sind sie immer noch unglücklich und von zu vielen Kompromissen überwältigt – bis zu dem Punkt, wo sie sich aufreiben, sich so ihrer Energien und Interessen und Motivation beraubt fühlen, dass sie einfach innerlich sterben … Tag für Tag!

Nun, Du hast wirklich Glück, denn bei Dir ist dies nicht der Fall: Du lässt Dich scheiden! Das ist der Beginn Deines neuen Lebensabschnitts als eine glücklich geschiedenen Person (ab jetzt „GGP").

Ich erinnere mich noch an die grünen Augen meiner Großmutter, wenn sie in die eisblauen Augen meines fünfundachtzigjährigen Großvaters schaute, während wir am Tisch bei großen Familienfesten saßen. Ihr Blick war frech, verspielt und gleichzeitig schüchtern, wie der eines vierzehnjährigen Mädchens. Er spiegelte Stolz, Liebe und das Bild eines attraktiven jungen Mannes, der ihr sechs Kinder schenkte und später ihre Diabetes-Wunden bis zu ihrem letzten Atemzug pflegte. Ich vermisste diese Art Blick zwischen meinem Ex und mir wirklich, und ich habe zu lange darauf gewartet, dass er wiederkommen würde. Ich kam zu der bitteren Einsicht, dass wenn die Liebe aus dem Blick eines Liebenden verschwindet, ist es dasselbe, als wenn das Leben aus dem Körper und damit aus den Augen weicht. Das ist kein schönes Bild, aber es verdeutlicht wirklich die Idee, dass es kein Zurück gibt! Es zu akzeptieren ist der beste Gefallen, den Du Dir, und falls Du welche hast, Deinen Kindern tun kannst.

Du musst Deine Ehe aufräumen, da Du jetzt eine GGP in spe bist. Was krank oder tot war, ist entfernt worden. Das ist eine tolle Zeit für eine Wiedergeburt, und im nächsten Jahr kannst Du das erste Lebensjahr eines der erfülltesten Jahre Deines Lebens feiern, in dem so viele verschiedene und wunderbare Veränderungen stattgefunden haben, die Dein Leben einfach und glücklich gemacht haben.

Ich bin hier, um Dich daran zu erinnern, was Du wert bist, und wie viel Kraft in Dir brodelt, die nur darauf wartet, freigesetzt zu werden. Du bist schön, interessant und wahrhaftig – und Du wirst Dir den Kuchen des Lebens nehmen, nicht die Krümel. Die ganze Welt da draußen ist voller Möglichkeiten.

Akzeptiere das Ende. Kämpfe nicht dagegen an. Lass eine heilende Gelassenheit in Dir fließen.

KLEINE VISUALISIERUNGSÜBUNG, UM DIE KONTROLLE ÜBER DEINE GEDANKEN WIEDERZUERLANGEN

Wo Du auch gerade bist, schließe die Augen. Atme drei Mal langsam tief ein: atme ein, zähle bis fünf und atme aus.

Dann stelle Dir vor, dass die Probleme, die mit der Scheidung zusammenhängen, sich in einen kleinen Rauchball auflösen, der um Deinen Kopf herumwirbelt.

Es ist eine heimtückische Elfe, die Dir an den Kopf klopft, um Deinen inneren Frieden zu stören.

Du bist eine Fee/Zauberer, und wenn Du zweimal blinzelst, lässt Du den Rauchball einfach aus Deinem Kopf verschwinden.

Jetzt bist Du ruhiger.

Wiederhole diese kleine Visualisierungsübung jedes Mal, wenn Du von negativen Gedanken überwältigt wirst. Je häufiger Du sie wiederholst, desto besser wird es Dir gelingen und das gewünschte Ergebnis wird sich einstellen. Auch in jenen Situationen, in denen Deine geistige Gesundheit auf dem Prüfstand steht, nimm Dir eine Minute für Dich Zeit und übe dies noch einmal, um wieder die Kontrolle über Deine Gedanken und Handeln zu bekommen.

Ich erwarte nicht, dass wenn Du dies tust, dass Du Deine Scheidung vergessen wirst, insbesondere, wenn es noch offene Fragen wie finanzielle Regelungen gibt oder Rechtsstreitigkeiten (über das

Sorgerecht für die Kinder beispielsweise) noch nicht beigelegt sind, und wenn Du aktiv für Deine Rechte kämpfen musst. Mach Deinem Ärger, Kummer, Deiner Sorge oder Einsamkeit Luft, aber schwelge nie in diesen Gefühlen. Positive Emotionen ziehen positives Geschehen an, während Negativität, Negativität anzieht, auch wenn Du auf der richtigen Seite stehst. Es gibt immer Tage, die sind schlimmer als andere, wenn Du aufwachst und um etwas trauerst. Aber erinnere Dich daran, dass alles ein Ende haben muss. Ich bin immer ein Fan von Scarlett O'Hara (die Heldin des epischen Films *Vom Winde verweht*); jedes Mal, wenn ihr Leben in eine Sackgasse geraten war, pflegte sie zu sagen: *„Letzten Endes ist morgen auch noch ein Tag!"*

Um eine Aufwärtsdynamik zu aktivieren, musst Du zunächst akzeptieren, dass das Ende Deiner Ehe das Ende einer Ära ist.

Akzeptanz ist wirklich die Basis, auf der Du Dein neues Leben und Deinen neuen Lebensabschnitt aufbauen wirst. Es kann einfach Deine innere Einstellung sein oder sich auf Dein Leben im Allgemeinen beziehen, das hängt von der Anzahl und dem Grad der Veränderungen ab, die Du umsetzen musst, um ein erfülltes Leben zu haben.

Akzeptanz hat einen beruhigenden und besänftigenden Effekt, und Du brauchst nun Ruhe, um Dich Deinen Zielen widmen zu können. In den nächsten Kapiteln wirst Du erfahren, wie Du zu dieser Ruhe kommen kannst, indem Du jeden Aspekt Deines Lebens optimierst! Glaube an Dich – Du wirst zu einer GGP!

TRÄUME UND ZIELE

Glaube an das Große. Die Größe Deines Erfolges ist bestimmt von der Größe Deines Glaubens. Denke an kleine Ziele und erwarte kleine Erfolge. Denke große Ziele und erringe großen Erfolg.

David J. Schwartz (1927 – 1987)

Bestseller-Autor, Professor und Lebensstratege

Es gibt eine weit verbreitete Tendenz, sich Ziele anhand der vorherrschenden, d. h. vorhandenen Ressourcen zu setzen. Die meisten Menschen setzen sich entweder mit psychologischen oder finanziellen Einschränkungen auseinander – ihr Leben lang. Sie minimieren ihre Träume, damit sie leichter erreichbar sind. Das zumindest glauben sie. Je größer die Ziele, desto größer das Ergebnis, dementsprechend werden kleine Ziele in der Realität kleiner!

Du musst Dir Ziele setzen, die mit Deinen Träumen übereinstimmen, egal wie groß sie sind, anstatt Deine Kreativität und Fantasie einzuschränken. Bist Du gewillt, in eine atemberaubende Zehn-Zimmer-Villa mit Terrasse mit Meerblick zu ziehen? Warum beschränkst Du diese wunderbare Villa auf eine Zwei-Zimmerwohnung mit einem engen kleinen Balkon? Träume von Deiner Villa! Denk an sie so viel Du willst. Hänge Bilder davon, wie sie aussehen soll, oder Fotos von ähnlichen Häusern irgendwo in der Wohnung auf, damit Du sie sehen und visualisieren kannst und verankere dieses Lebensziel in Deinem Unterbewusstsein.

Dasselbe gilt für Dein Einkommen und Deinen zukünftigen Partner, von dem Du erwartest, dass er perfekt ist (oder zumindest, dass er/sie 99,99 Prozent Deiner Anforderungen entspricht) und für alle anderen Träume, die Du hast. Du musst daran glauben. Niemand kann Dir vorschreiben, wie Dein Traum aussehen soll und wie weit oder groß Du denken darfst. Es muss Dir nicht peinlich sein, Dir augenscheinlich unmögliche Dinge zu wünschen! Außer uns beiden ist hier niemand! Wenn Du zurückhaltend bist und niemandem, noch nicht einmal Deinem besten Freund oder Deiner besten Freundin von Deinen Träumen erzählen möchtest, dann tue es nicht! Die Gedanken gehören Dir und die Träume gehören Dir und die Ziele gehören Dir.

Menschen, wie andere Lebewesen auf der Erde, groß wie klein, verfügen über die riesige Macht der Vorstellungskraft. Die Vorstellungsgabe ist das Vermögen, unsere kreativen Gedanken zu visualisieren und im Inneren zu erleben. Und was geschieht dabei? Unser Gehirn fängt an, so zu arbeiten, als seien diese Dinge, die Menschen oder die Situationen, die wir uns vorstellen, real. Wissenschaftler haben herausgefunden, dass das menschliche Gehirn ähnliche Arten und Mengen chemischer Substanzen (zum Beispiel Endorphine, sehr wichtige Neurotransmitter) ausschüttet, sowohl bei der Ausführung bestimmter Aktivitäten als auch bei der bloßen Vorstellung, sie zu tun. Experimente und Tests wurden auch bei Profi-Schwimmern durchgeführt. Sie wurden gebeten, keinerlei Training während des Experimentes zu machen. Stattdessen fingen sie an, regelmäßig mentales Schwimmtraining durchzuführen, wobei sie sich das Ganze vorstellen sollten, ohne sich dabei bewegen zu dürfen. Nicht nur reagierte ihr Gehirn emotional so, als sei es wirklich im Zustand, das Schwimmtraining durchzuführen, sondern es sandte dieselben neuronalen Signale an die Muskeln, als fände das Schwimmtraining tatsächlich statt, was in einer relevanten Zunahme der Muskelmasse resultierte. Erstaunlich, nicht?

Abgesehen davon, dass man die Vorteile der kreativen positiven Effekte der Imagination nutzt, um unsere emotionalen und spirituellen Bedürfnisse zu befriedigen, scheint es darüber hinaus so zu sein, dass wir sie auch kontrollieren, um andere sehr interessante

Ergebnisse zu erhalten. Die Konditionierung von Gedanken ist weder länger nur Spekulationsthema innerhalb der sogenannten paranormalen Wissenschaften noch wird sie länger behandelt, es sei sie eine Paranoia der Geheimdiensten, sondern sie hat die Seriosität und Autorität durch empirische wissenschaftliche Beweise gewonnen.

Um wieder auf unser Thema zurückzukommen und dieses Konzept auf Deine persönliche Entwicklung anzuwenden, werden wir Konditionierung nutzen, um fokussiert zu bleiben und Ziele zu erreichen. *„Mangelt es uns an klar definierten Zielen, werden wir seltsam loyal, wenn es darum geht, alltägliche Belanglosigkeiten durchzuführen."* – Quelle unbekannt.

Bald wirst Du den *Fragebogen* kennenlernen. Durch einfach formulierte Fragen wirst Du auf Deine Träume zurückgreifen, wirst sie organisieren und dann anfangen, Maßnahmen zu ergreifen, um sie zu realisieren (oder zu *manifestieren*). Es ist keine Zauberei. Denke an viele reiche oder einflussreiche Personen aus dem letzten Jahrhundert. Die meisten stammten aus einfachen Verhältnissen mit geringem Bildungsniveau. Andrew Carnegie war der Sohn eines Webers und Baumwollbauern; Albert Einstein war einer der ärmsten Schüler in seiner Schule und einige Lehrer dachten, er könne zurückgeblieben, also geistig behindert sein. Ihre Träume waren so stark, dass sie sie häufig die ganze Nacht wachhielten – was allen Menschen, die sich ganz und gar der Erfüllung ihrer Träume widmen, gemein ist. Und dasselbe passiert mir auch! Es ist ein wunderbares, kreatives, sehr aufregendes Gefühl – ein Wasserfall aus Ideen, manchmal sehr strukturiert und organisiert, manchmal in Form positiver Impulse, sodass man fast glaubt, sie müssten schnell umgesetzt werden. In solchen besonderen Momenten bekomme ich meine besten Einfälle. Einige Ideen waren so innovativ und ich habe so brillante Arbeit geleistet, dass ich mich fragte, wie ich auf solche heißen Einfälle kommen konnte. Es ist in der Tat ein recht automatischer Vorgang, der in Gang gesetzt wird, wenn man seiner Vorstellungskraft Raum gibt, zu träumen und sie umzusetzen.

Und jetzt weiß ich es besser als jemals zuvor (nachdem ich eine Ehe durchgemacht habe, die mich unterjochte und in einer Scheidung endete), dass wenn Du Deine Träume beiseite stellst und jemandes anderen Träume folgst und unterstützt (in diesem Fall die meines Exmannes), verlierst Du Deine Lebensenergie. Wie eine Blume ohne Wasser; früher oder später wird das deutlich, und einige Konsequenzen können Dich ein Leben lang schwer belasten, wenn Du die Situation nicht änderst.

Ich fühle mich lebendig und glücklich, nur wenn ich meine Vorstellungskraft aktiviere und meinen Träumen freien Lauf lasse. Dann realisiere ich, dass ich eine Naturgewalt bin, und dass ich jedes Ziel, was immer ich mir wünsche, erreichen kann. Ich werde Dir helfen, dasselbe zu tun. Dein Verlangen, Dein Leben neu zu entdecken, muss in Dir brennen, um Ergebnisse hervorzubringen, manchmal erstaunliche, sehr schnelle Ergebnisse. Und wenn Du an Dich und an Deine Träume glaubst, ist alles machbar.

Gestern habe ich im TV eine Dokumentation über einen jungen Mann namens Kyle Maynard gesehen. Er ist Wrestling Champion, Lebensberater, und erfolgreicher Autor und hat erst kürzlich den Kilimandscharo bestiegen. Nichts davon ist ungewöhnlich – außer dass er erblich bedingt weder Arme noch Beine hat.

Keine Ausreden oder Hindernisse können Dich davon abhalten, das Leben zu bekommen, das Du Dir wünschst! Ich kann aus meiner eigenen Erfahrung sagen, dass es nicht schwer ist, von einem Scheidungs-Burn-out zu dem Leben Deiner Träume, dem Job Deiner Träume, dem Partner Deiner Träume, der Beziehung Deiner Träume etc. zu kommen. Allein die Tatsache, dass Du aktiv wirst, provoziert positive Veränderungen.

Hinauszögern und Verschieben? Nein!

Sobald Du erkannt hast, dass Ziele zu setzen nichts mit Deinen aktuellen, derzeitigen Ressourcen und Möglichkeiten zu tun hat, bist Du nun vollkommen frei und kannst anfangen, Dich mit Deinen echten Wünschen zu beschäftigen. Es wirkt vielleicht wie ein Kinderspiel, das ist es aber nicht. Die meisten Menschen sind durch Eltern, Schule, Religion und den Arbeitsplatz geprägt, so zu denken und zu handeln, *wie es vorgeschrieben ist und erwartet wird*. Das Ergebnis ist eine wachsende Last aus Verpflichtungen und Aufgaben, die unsere Wünsche auf den zweiten Platz verdrängen, dann auf den dritten, bis sie schließlich verschwinden.

Viele psychosomatische Krankheiten und Burn-out-Syndrome plagen Menschen aus allen Teilen der Welt, nur weil wir uns manipulieren lassen – nicht nur von unseren Familien, Schulen, Partnern und Arbeitsumgebungen, sondern auch von der Konsumgüterindustrie und der Werbung. Wir müssen perfekt sein. Wir müssen Multitaskingfähig und vierundzwanzig Stunden am Tag verfügbar sein, und um wir müssen eine starke soziale Ader haben, damit uns niemand kritisieren kann. Und unser Körper muss auch trainiert sein (für Männer sind ein Six-Pack, für Frauen Körbchengröße C Pflicht), und Kindern muss man dieses und jenes ermöglichen, sie müssen ein Instrument lernen und auf der Bühne stehen, zwei Sportarten machen, zwei Fremdsprachen lernen etc. Wir sind die Unruhe in Person. Wir spüren den Druck, und wir streben nach Status, der nicht mit unseren natürlichen Rhythmen und Bedürfnissen übereinstimmt (besonders am Arbeitsplatz) und all das ist mehr als menschenmöglich.

Die meisten Verhaltensweisen werden uns von anderen vorgeschrieben und nehmen wenig auf unsere inneren Wünsche und Sehnsüchte Rücksicht. Wir akzeptieren Lebensstile, Strukturen und

Rahmen und Modelle, die nichts mit unserer eigenen Natur zu tun haben. Das ist einfach GEWALT! Wir werden bewusst und unbewusst über die Maßen täglich misshandelt. Ein zu schnelles Lebens/Arbeits/soziales Tempo ermüdet die Nerven und den Körper; wir sind als Menschen geboren, nicht als Übermenschen oder Androiden. In den sogenannten zivilisierten Ländern tötet Stress mehr Menschen als das Rauchen.

Weit entfernt von unserem echten Selbst zu leben ruft emotionale Instabilität, schwindende Überzeugung von dem, was wir verfolgen, und milde bis sehr ernste nervöse Störungen (Depressionen, Phobien, Verhaltensstörungen, Selbstmordgedanken) hervor. Auf der anderen Seite sind unsere biologischen Mechanismen permanent unter Beschuss, sodass eine steigende Anzahl von Gesundheitseinbußen auf Stress und Depressionen zurückzuführen sind und die Psychosomatik zu einem der blühendsten Felder der Medizin macht.

Hektische Aktivität führt die meisten Menschen zu einer falschen Bewertung ihres Platzes und ihrer Bedeutung in der Welt: Je beschäftigter sie sind, desto mehr glauben sie, sie leisten Tolles. Wenn Dein Kalender von Montagmorgen bis Sonntagabend voll ist, dann fängst Du Dich vielleicht an zu fragen: Warum beschäftigst Du Dich nicht mit Dir selbst? Warum musst Du immer unterwegs sein? Hast Du Angst, allein zu sein? Wie wäre es damit, einige Minuten ganz allein zu sein und Deine Seele sprechen zu lassen? Sie kann eine Menge interessanter Sachen zu sagen haben!

Wir haben unterschiedliche Aufmerksamkeitsebenen, die auf verschiedenen Bewusstseinsebenen basieren. Wenn also etwas zusammenhangslos erscheint, können wir es dennoch auf zwei verschiedene Arten beurteilen, je nachdem, welcher Stimme wir zuhören: die eine unseres Unterbewusstseins oder die des Selbst, das mit unseren grundlegenden Bedürfnissen, Überlebensinstinkten, Körperfunktionen und der Befriedigung unserer wahren Bedürfnisse verbunden ist;

oder die andere Stimme, die aus unserem Bewusstsein stammt, das alles, was in unserem Leben geschehen ist, wahrgenommen hat und aus Erfahrung spricht. Wenn wir nicht versuchen, diese beiden Stimmen zu harmonisieren, entsteht ein Konflikt, der in Unzufriedenheit resultiert. War Dein Ex wirklich Deine Wahl? Oder verkörperte er/sie nur ein Modell, das gut war, nur nicht für Dich?

Ich weiß nicht, ob Du zu demselben Ergebnis gekommen bist, aber ich glaube, dass die meisten Menschen, ihre *Selbst* die meiste Zeit verborgen halten, in einem schwarzen Keller einschließen, ohne Nahrung und Liebe. Du musst jetzt hinuntergehen und diese Tür öffnen, um erfolgreich Ziele zu bestimmen.

Du musst hinunter gehen und Dein Selbst herauslassen und frei sein, und es das Leben organisieren lassen, von dem es schon immer geträumt hat. Tust Du das nicht, wirst Du wahrscheinlich dieselben Fehler machen – immer wieder – mit jedem neuen Partner, mit dem Du zusammenlebst.

Du kannst nicht glücklich in einer Beziehung sein, wenn Du nicht allein glücklich sein kannst. Die Kindererziehung, Dein Job, Deine Hobbys, Deine Beziehungen zu Kollegen und Freunden, alle müssen auf Dein Selbst reagieren, nicht auf die Ideologien, mit denen Du seit dem allerersten Tag auf der Erde erzogen worden bist. Beispielsweise stellst Du möglicherweise fest, dass Du mit ganz anderen Menschen befreundet sein möchtest, als mit denjenigen, mit denen Du jetzt in die Kneipe gehst. Vielleicht sind sie von Deinen bisherigen Interessen weit entfernt (Du bist beispielsweise Buchhalterin und gehst normalerweise mit den Kollegen aus dem Steuerbüro aus, mit denen Du immer über Fußball und Steuern redest). Es kann aufregend sein, jemanden aus der Unterhaltungsbranche kennenzulernen, der Dich zur Premiere von *Orlando* in die Oper einlädt. *Abwechslung* ist ein aktuelles Stichwort. Indem wir Gewohnheiten und übliche Verhaltensweisen verändern, können wir nicht nur Erfahrungen machen und Gelegenheiten nutzen, sondern auch den Rest unseres neuen Selbst kennenlernen. Solange wir in unserer alltäglichen Welt unter denselben Rahmenbedingungen, Interessen und den gleichen Freunden gefangen bleiben, erfahren wir nie, wie schön und bereichernd etwas Anderes sein kann.

Ich halte mich gern an Regeln. Ich finde, dass Strukturen nötig sind, um Komplexitäten überschaubarer zu machen und um sie besser zu organisieren. Aber Regeln und Strukturen sind Richtlinien, keine abgeschlossenen Räume. Daher kann das, was wir als eine *das muss ich machen*-Situation wahrnehmen, irgendwann einmal verändert oder ersetzt werden durch eine *das möchte ich machen*-Situation. Wenn Du liebst, was Du in allen Lebensbereichen machst, alles eingeschlossen, geht alles reibungsloser und leichter, und Glücklich-sein ist nicht länger ein abstraktes Konzept oder etwas, auf das Du im Minutentakt zugreifst. Glück ist ein andauerndes Gefühl und gehört all denen, die mit ihrem *Selbst* in Kontakt sind. Es ist ein einfaches, grundlegendes Konzept.

Im nächsten Kapitel wirst Du mittels des Fragebogens gebeten, mit Deinem Selbst in Kontakt zu treten. Wenn Du magst, kannst Du ihn erst durchlesen und dann die passende Zeit und den Ort einplanen, um ihn durchzuarbeiten.

Nimm diesen Moment mit Freude an, denn Du kommst näher an Deine wahren Ziele heran und erweiterst Dein Bewusstsein. Noch einmal: Ich kenne viele Menschen, die Ruhe nicht an sich heranlassen. Immer haben sie elektronische Geräte im Hintergrund laufen; beim Frühstücken oder Duschen hören sie Radio oder schauen Nachrichten im TV, und immer sind sie am Telefonieren, auch wenn sie Sport treiben. Diese Menschen haben wirklich Angst vor Stille. Vielleicht scheuen sie sich davor, ihr Selbst zu befragen. Sie nehmen sich keine Zeit für Meditation oder um sich Gedanken über spirituelle Phänomene zu machen. Diese Menschen sind in einer Muschel eingeschlossen, und ihr Selbst befindet sich nicht im Keller, sondern noch viel tiefer.

Ich hoffe, Du hast keine Angst vor Dir selbst oder davor, was passieren kann, wenn Du entdeckst, dass die Ordnung, auf die Du Dein Leben ausgerichtet hast, nicht so perfekt oder stabil oder glaubwürdig oder zuverlässig ist oder Deinen Zielen nicht entspricht. Deine Scheidung mag diese Ordnung auch infrage gestellt haben. Und nun musst Du Dich in positiver Weise mit Deinem Selbst auseinandersetzen und es zu seinem Willen und Wünschen befragen. Ich glaube unbedingt daran, dass diese Entdeckungsarbeit der außergewöhnlichste Abschnitt in Deiner Selbstentwicklung ist.

DEIN URSPRÜNGLICHES SELBST UND DEINE ZIELE ENTHÜLLEN

Irgendwann im Laufe der Entwicklung entdecken wir, was wir wirklich sind, und dann treffen wir unsere echte Entscheidung, für die wir verantwortlich sind. Treffen Sie diese Entscheidung hauptsächlich für sich, denn man kann nie wirklich das Leben eines Anderen führen, nicht einmal das Ihres eigenen Kindes.

Eleanor Roosevelt (1884 – 1992)
First Lady, Autorin und Humanistin

Wir ändern uns das ganze Leben lang. Zum Guten oder zum Schlechten, wir verändern uns. Das ist eine Tatsache. Die meisten Zellen in unserem Körper, inklusive die in unserem Hirn, verändern sich. Alte sterben und ganz neue ersetzen sie. Aus diesem Grund können wir sagen, dass die Muskeln und die Knochen, die wir jetzt haben, nicht die gleichen sind wie vor fünf Jahren. Dieser Erneuerungsprozess setzt sich bis zum Tod fort; er wird nur langsamer während wir altern.

Daher, wenn ich von *eigentlichem Selbst* oder *eigentlichen Träumen* spreche, stelle ich mir Dich nicht vor, als Du Teenager warst und gegrübelt hast, was Du als Erwachsene oder Erwachsener werden willst. Mit *eigentlichem Selbst* und *Träumen* meine ich das Selbst und die Träume, die bis auf den Kern enthüllt sind, die nackt und roh sind. Dies ist sehr wichtig. Und dennoch stellst Du vielleicht fest, dass sich Deine Ziele seit der Schule nicht mehr verändert haben. Wie auch immer – bitte schaue nicht in die Vergangenheit zurück, um Antworten zu finden, die Du nur *im Hier und Jetzt* finden kannst.

Daher werden wir herausfinden, was Du wirklich willst, was Deine Träume sind, Deine Ziele, Deine Erwartungen, Visionen und

Wünsche. Du wirst Dich auf Deine Emotionen konzentrieren, denn durch Emotionen bekommst Du einen direkten Kontakt zu Deinem Unterbewusstsein, zu Deinem echten Selbst. Die Gefühle, die Du bekommst, während Du den Fragebogen ausfüllst, sind sehr wichtig, um einzuschätzen, wie ehrlich Deine Antworten sind. Bist Du fröhlich, während Du diese Fragen beantwortest, erschauderst Du, wenn Du nur daran denkst „*Was wäre wenn … ?*", schlägt Dein Herz schneller, dann ist es Dein Selbst, das antwortet. Und das ist genau das, was wir wollen. Bitte gib Dir Zeit, jene Antworten gut zu überdenken, die keine der genannten Reaktionen hervorgerufen haben. Dies ist außerdem auch ein Weg herauszufinden, wann Du glücklich bist, und zu lernen, dieses Gefühl zu verstärken, bis es sich über Dein ganzes Leben vierundzwanzig Stunden lang erstreckt.

Das Glücksgefühl ist die positive Energie, die von Deinem Selbst produziert wird, während Du Deine Träume umsetzt. Ein Mensch, dem seine Träume vorenthalten werden, wird schnell unglücklich.

Glückliche Scheidung!

VORBEREITUNG ZUM FRAGEBOGEN

Erfolg hängt von der vorherigen Vorbereitung ab, und ohne eine solche Vorbereitung wird es sicher ein Misserfolg.
Konfuzius (551 – 479 v. Chr.)
Lehrer, Philosoph, Autor, Politiker

Der Fragebogen ist ein wichtiger erster Schritt, weil Du keine Ziele setzen kannst, wenn diese Ziele auf falschen Annahmen oder Ansprüchen von Dritten basieren.

Indem Du systematisch und strukturiert vorgehst, wirst Du in der Lage sein, mit Deinen Ressourcen hauszuhalten, insbesondere an diesem Punkt in Deinem Leben, wo Du viele Ressourcen benötigst, um mit dem Stress der Scheidung fertigzuwerden.

Meine Aufgabe ist, Dir nicht nur dabei zu helfen, diese Herausforderungen zu meistern, sondern möglicherweise auch glücklicher als jemals zuvor zu werden. Du wirst bald eine GGP sein, dessen kannst Du Dir sicher sein!

Bevor Du mittels des Fragebogens mit Deinem inneren Selbst in Kontakt trittst, ist es nötig, eine friedliche, angenehme und ruhige Umgebung zu finden. Beim ersten Mal rechne mit zwei oder mehr Stunden, denn die Liste mit den Fragen ist recht lang und umfasst alle Deine Lebensbereiche. Später kannst Du Dir den Fragebogen oder Teile davon erneut vornehmen, wann immer Du willst; dann wirst Du aber sicherlich weniger Zeit benötigen.

Trage einen Termin in Deinem Kalender ein, wie Du es mit allen anderen wichtigen Dingen, mit denen Du Dich beschäftigst, tun würdest. Es geht um Deine Gesundheit/Dein Leben. Es kann nicht verschoben werden. Es ist nötig.

Der Ort: Ich würde Dir von einem öffentlichen Ort abraten (wie ein Café, ein Platz oder ein Park), oder einem anderen freien, bevölkerten Ort, wo Du den Einfluss von eiliger Geschäftigkeit und Zivilisation deutlich spürst. Ich kann nicht davon ausgehen, dass Du einen isolierten Ort im Paradies findest, aber es sollte eine schöne, bequeme Couch zu Hause sein, oder wenn Du Dich unter einen Baum in die Natur setzen könntest (wo es rundherum Wiese und/oder Bäume gibt, aber keine störenden Geräusche, keine Kinder, keinen Partner, keine Freunde, nur Dich), wäre das perfekt.

Wie ich bereits erwähnte, ist der Akt, Deine Träume aufzuschreiben, ein sehr wichtiger Aspekt Deiner persönlichen Entwicklung. Während Du den Fragebogen beantwortest, korrigierst Du Dich vielleicht oder nimmst Änderungen vor, und das ist normal, wenn nicht gar wünschenswert, denn es steht im Einklang mit dem Prozess, Deinem Selbst näher und näherzukommen. Denk daran, dass nichts, das Du denkst und aufschreibst, als närrisch, kindisch, lächerlich, absurd oder unerreichbar betrachtet werden darf.

Mit dem Ziel, die Scheidung zur größten Chance Deines Lebens zu machen, musst Du Dir zunächst ein neues Bewusstseinsniveau erkämpfen und zunächst kleine Änderungen in Deiner Haltung vornehmen, was auch entscheidend ist, um mit den schwierigsten und schmerzhaftesten Aspekten Deiner Scheidung umgehen zu können.

Im wahrsten Sinne ebnest Du den Weg für ein wunderbares neues Leben, jenes, das Du Dir schon immer gewünscht hast – nicht das, in dem Du die Erwartungen von Menschen, Autoritäten und Institutionen erfüllen musstest.

Du musst zurück an die Wurzeln gehen und feststellen, ob Du beispielsweise wirklich eine gut bezahlter Finanzexpertin oder –experte sein möchtest, oder ob Du Dich am besten verwirklichst, wenn Du in der Natur bist. Du musst ermitteln, ob Du die gleichen Fehler in der Zukunft wieder machen möchtest und vielleicht einen Partner findest, der Deiner oder Deinem Ex ähnelt, oder ob Du an Deiner Seite einen anderen Menschen brauchst (nur um einige Beispiele zu nennen).

WAS DU BRAUCHST

- Einen ruhig gelegenen Ort, zu Hause oder in der Natur;

- mindestens zwei Stunden Zeit für das erste Ausfüllen;

- keine Störungen: Schalte Dein Telefon ab und stelle sicher, dass Deine Kinder oder andere nicht nach Hause kommen, bevor Du fertig bist;

- weißes DIN-A4-Papier, mindestens 15 Seiten;

- zwei Stifte (einen zur Sicherheit)

KURZE MEDITATIONSÜBUNG

Setze Dich nun bequem hin.

Du bist ganz allein hier. Niemand kann hören oder sehen, was Du denkst und tust.

Entspanne Dich und konzentriere Dich auf Deinen Atem.

Atme zunächst ein, zähle bis fünf und dann atme aus.

Wiederhole diese tiefe, lange Atmung zehn Mal. Bleibe weiter darauf konzentriert. Atmest Du aus Deinem Bauch oder aus Deiner Brust heraus? Oder vielleicht aus beidem?

Lasse nun Deinen Atem langsam wieder seinen natürlichen Fluss annehmen und lies das Folgende laut und langsam:

AFFIRMATIONEN

Ich fühle mich gut, weil dies meine Zeit ist, und niemand sie mir nehmen kann.

Niemand kann mich ärgern oder mir meine Ruhe nehmen.

Ich bin entschlossen, das Leben sinnlich zu genießen und mich daran zu erfreuen.

Leiden gehört nicht länger in mein Leben.

Ich bin wichtig, ich bin schön, und ich habe das Beste verdient.

Die Welt ist voller glücklicher Menschen, die sich selbst verwirklicht haben, die lieben und die im Gegenzug geliebt werden, die ihr Geld mit Arbeit verdienen, die sie lieben, die an dem Ort leben, wo sie am liebsten sind, die liebenswerte Freunde, Kinder, Eltern und Partner haben, die sie unterstützen anstatt ihnen ihre Lebensenergie zu rauben. Ich werde einer dieser glücklichen und erfüllten Menschen innerhalb einer sehr kurzen Zeit sein.

Ich habe mehr als das verdient, und dieses Mehr wartet da draußen auf mich.

Ich muss mir nur wünschen, dass meine Träume wahr werden, und sie werden sich tatsächlich erfüllen.

Ich werde meine Träume auflisten, und diese Liste wird genau meine Wünsche widerspiegeln.

Diese Liste stammt von mir und nicht von meinen Eltern, meinem Vorgesetzten oder meinem/er besten Freund/in.

(Nur für Eltern) Ich werde meine Wünsche aufschreiben, die mit meiner Verantwortung und meinen Pflichten als Elternteil sowie mit meinen diesbezüglichen versorgerischen und erzieherischen Verpflichtungen vereinbar sind.

Dies sind meine Zeit und mein Raum, und ich habe eine Welt voller Möglichkeiten vor mir.

Ich vermeide Gedanken und Antworten, die dritten Personen schaden könnten.

Ich werde meine Interessen verfolgen, ohne anderen Menschen zu schaden.

Ich habe nur positive Gedanken und Gefühle, denn nur gute Gefühle bringen gute Ergebnisse hervor.

Meine Träume sind nur dann möglich, wenn sie sowohl mir als auch den Menschen um mich herum Gutes bringen.

Wenn ich mir Ziele setze, werde ich nie vergessen, gerecht und fair zu bleiben.

DER FRAGEBOGEN

Der Wille zu gewinnen, der Wunsch voranzukommen, der Drang, Dein ganzes Potenzial zu erreichen ... dies sind die Schlüssel, die die Tür zu persönlicher Höchstleistung öffnen.
Konfuzius (551 – 479 v. Chr.)
Lehrer, Philosoph, Autor, Politiker

Schreibe Deine Wünsche bezüglich Deiner finanziellen Situation auf

---

- Um glücklich zu sein, brauchst Du mehr Geld als Du jetzt schon hast?

- Welche Summe würde nicht nur Deine derzeitigen finanziellen Probleme lösen, so sie bestehen, sondern Dich zu einer erfüllten GGP machen? Spüre, wie schön das Gefühl ist, so viel Geld zu besitzen.

- Wie viele Dinge könntest Du tun und kaufen mit diesem Geld? Schränke Deine Fantasie nicht ein und mache eine Liste.

- Wie viele Menschen könnten ihre eigene Situation verbessern, nur weil Du reicher geworden bist (vielleicht Deine Eltern, Deine Kinder, Deine Freunde, das Rote Kreuz oder das Tierheim)? Zu spenden macht ebenso glücklich wie zu bekommen, und wenn Du mehr bekommst, möchtest Du mehr spenden.

- Bitte denke über das Thema dieses Abschnitts nach und füge alles hinzu, das Dir noch einfällt, und das Dich glücklich macht, auch wenn Du nur daran denkst:

45

- Bist Du in Deinem derzeitigen Zuhause glücklich?

- Erfüllt dieses Zuhause die Ansprüche bezüglich Platz, Raum und Schönheit, von denen Du immer geträumt hast?

- Ist eine Stadt, ein Dorf oder ein Bauernhof der ideale Ort zu leben, oder würdest Du lieber in eine Stadt ziehen?

- Befindet sich Dein ideales Zuhause in den Bergen oder am Meer?

- Ist es eine Wohnung oder ein Haus mit Garten?

- Kannst Du die Augen schließen und Dir vorstellen (und es dann aufschreiben), wie es genau aussehen würde, wenn es nach Deinen Bedürfnissen und Visionen ginge?

- Bitte denke über das Thema dieses Abschnitts nach und füge alles hinzu, dass Dir noch einfällt, und das Dich glücklich macht, auch wenn Du nur daran denkst:

Schreibe Deine Wünsche bezüglich Deines Jobs auf

- Ist Deine derzeitige Tätigkeit, wenn Du eine hast, das, wovon Du schon immer geträumt hast?

- Wachst Du jeden Morgen auf und freust Dich darauf, zur Arbeit zu gehen, oder würdest Du stattdessen lieber zehn Mal kalt duschen?

- Vielleicht magst Du Deine Arbeit sehr, aber es ist nicht das richtige Unternehmen oder der richtige Chef oder die richtigen Kollegen. Was würdest Du diesbezüglich ändern?

- Stimmt Dein Beruf mit Deinen Prinzipien überein oder widerspricht er ihnen irgendwie (z. B. Abtreibungsarzt)?

- Menschen sind Lebewesen wie Blumen, Bäume und Tiere, und wenn sie gezwungen sind, unangemessene Arbeitsbedingungen zu ertragen, können Schäden an Leib und Seele entstehen. Denke an Deine Arbeitsbedingungen: Bist Du mit ihnen zufrieden oder gibt es Aspekte, die verbessert oder verändert werden müssen? Ist sie beispielsweise Routine und/oder entfremdend, braucht es mehr Fantasie oder Freiheit? Oder ist sie beispielsweise zu schwer, sollte sie mehr den natürlichen Rhythmen des Menschen entsprechen?

- Hast Du zurzeit keine Stelle? Es mag daran liegen, dass:

1. Du bist reich genug und brauchst keine.

2. Du hast bisher Deine Kinder großgezogen. Aber vielleicht wirst Du nun als Ergebnis der Scheidung einen Job brauchen. Abgesehen davon, dass er Dir erlaubt Geld zu verdienen, kann ein Job Dir eine ganze Reihe neuer Möglichkeiten eröffnen,

wie neue Freunde kennenzulernen, neue Partner zu treffen und Deinen Geist positiv und produktiv zu beschäftigen.

3. **Du hast bisher keine gefunden.** Wenn Du erfolglos gesucht hast, frage Dich, ob das, was Du in Deinem Lebenslauf geschrieben hast und die Jobs, auf die Du Dich bewirbst, aufeinander abgestimmt sind.

Die Qualifikationen stimmen nicht überein? Würdest Du lieber etwas anderes machen? Oder bewirbst Du Dich häufiger auf Jobs, die Du nicht magst? Lass es mich anhand von Beispielen erklären: Du nimmst an, Du willst diesen Job haben, aber eigentlich bewirbst Du Dich nur deshalb, weil die Gesellschaft, Deine Familie, Dein oder Deine Ex von Dir erwarten, solch einen Job zu haben. Oder Du hast Kunstgeschichte studiert, und Du bewirbst Dich für den Direktorenposten in der örtlichen Leihbücherei. Es ist eine sehr angesehene Stelle, die Bezahlung ist gut und der Arbeitsplatz ist nicht hektisch. Es würde Dir jetzt in Deinem Leben gut tun, und der Job würde eine Reihe Probleme lösen. Aber Du wärest die meiste Zeit allein oder so gut wie, und die Abwechslung der Aufgaben in dieser Position ist recht gering – LANGWEILIG! Ungeachtet eines offensichtlich hervorragenden Vorstellungsgespräches wird Deine Bewerbung abgelehnt. Ist das so eine große Überraschung? Du musst die ganze Zeit signalisiert haben, dass Du nicht interessiert warst! Bitte denk dran, dass es viele verschiedene einträgliche und kreative Wege gibt, Geld zu verdienen; Dein Wissen und Deine Kompetenzen treten beispielsweise vielleicht besser als Freiberufler zutage als Angestellter. Darüber hinaus ist es wichtig, im Hinterkopf zu behalten, dass wenn Du zurzeit nicht die Qualifikationen hast, um Dich auf Deinen Traumjob zu bewerben, kannst Du jederzeit wieder die Schulbank drücken oder

Kurse belegen, um diese neuen Kompetenzen zu erwerben. *Du kannst wirklich alles bekommen, was Du willst, vorausgesetzt, dass Du es wirklich willst!*

- Wie verbringst Du Deine Freizeit? Viele Menschen haben aus ihrem Hobby sehr attraktive und lukrative Berufe gemacht.

- Mache eine Liste von Deinen Traumjobs, von den Jobs, die Du schön und interessant im Sinne von Selbst-verwirklichung findest.

- Nimm Dir jetzt Zeit, um diese Liste einzuschränken, und schreibe auf, welchen Beruf Du am liebsten ergreifen würdest.

- Bitte denke über das Thema dieses Abschnitts nach und füge alles hinzu, das Dir noch einfällt, und das Dich glücklich macht, auch wenn Du nur daran denkst:

Schreibe Deine Wünsche bezüglich Deiner Familie auf

Die Familie (dazu gehören Vater, Mutter und Geschwister; *wir werden uns mit Kindern, wenn es denn welche gibt, an anderer Stelle beschäftigen*) spielt eine Rolle, zu welchem Grad Du eine GGP sein wirst. Wie positiv, negativ, dominant oder fein diese Rolle ist, hängt von der physischen Distanz, Familien-Geschichte, Häufigkeit des Kontakts und vielen mehr oder weniger wichtigen Variablen ab.

Eine sehr große Zahl von Entscheidungen und Handlungen, die mit der grundlegenden Struktur unseres Lebens zu tun haben, können von unserem familiären Hintergrund, auch unbewusst, beeinflusst werden. Beispielsweise kann die Wahl Deines Lebenspartners oder -partnerin viel mit Deinen Eltern zu tun gehabt haben, d. h. ihre Erwartungen zu erfüllen (um ihnen zu gefallen) oder ganz gegen ihre Erwartungen zu handeln (um sie provozieren). Natürlich ist es nicht immer so. Jedenfalls haben eine große Anzahl von Scheidungen damit zu tun, dass Partner oder Partnerinnen ideale Ehegatten hätten sein können und waren – für Mutti und Vati!

- Möchtest Du, dass Dein Vater, Deine Mutter und Deine Geschwister (falls vorhanden) Dich unterstützen, Dich aber nicht erdrücken? Versuche herauszufinden, warum es Dir nicht gelungen ist, Dich abzugrenzen. Niemand kann Dich schließlich dazu bringen, Dinge zu tun, die Du nicht tun willst, solange Du es zulässt. Du kannst Treffen usw. immer telefonisch absagen.

- Möchtest Du im Gegenteil, dass Sie mehr an Deinem Leben teilhaben? Hast Du alles Notwendige getan, um den Kontakt zu Deiner Familie aufrechtzuerhalten, oder warst Du diejenige oder derjenige, der Distanz in die Beziehung gebracht hat?

- Schreibe auf, wie Du die Beziehung zu Deinen Familienangehörigen gerne hättest.

- Schreibe nun auf, wie Deine Haltung idealerweise in dieser Hinsicht sein sollte, auch wenn Du meinst, sie in diesem Punkt niemals ändern zu können. Denke daran, was Dich glücklicher macht. Bemesse Dein Glück, indem Du Dir beispielsweise vorstellst *mehr Offenheit, mehr Liebe* oder *weniger Kontakt, mehr Unabhängigkeit.* Denke nicht darüber nach, was *richtig* wäre. Ich stimme dem Ausspruch „*Man bekommt, was man gibt*" nicht zu, denn ich meine, dass es Ungerechtigkeit gibt, auch wenn der Satz manchmal zutrifft. Es ist sehr schwer festzustellen, wie viel Verantwortung man in einer Beziehung hat. Ein Teil dessen wird durch Interaktionen geprägt, die über die Zeit feste Muster etablieren. Diese Übung ist dazu da, um Deine Wünsche an die Oberfläche kommen zu lassen, nicht um in Dir ein Gefühl des Verdrusses hervor-zurufen. Solltest Du Dich mit diesem oder anderen Themen unwohl fühlen, mache einfach weiter und kehre zu diesen Punkten zurück, wenn Du in der Lage bist, Deine Aufgabe ohne schmerzliche Gefühle zu vervollständigen.

- Bitte denke über das Thema dieses Abschnitts nach und füge alles hinzu, das Dir noch einfällt, und das Dich glücklich macht, auch wenn Du nur daran denkst:

Schreibe Deine Wünsche bezüglich Deiner Kinder auf

Solltest Du keine Kinder haben, kannst Du diesen Abschnitt über-blättern, aber ich rate Dir, das nicht zu tun. Ich möchte, dass Du Dir Deine inneren Wünsche hinsichtlich der Zukunft, nicht der Vergangenheit klarmachst. Kinder können nämlich mit einem neuen Partner auftauchen.

- Wenn wir den Scheidungsprozess durchmachen, sind Kinder ein noch zentraleres Element in unserem Leben, denn wir sind sowohl um ihre Zukunft besorgt als wir ihnen auch fortwährend Fürsorge und Liebe garantieren müssen, auch wenn wir uns miserabel und ausgelaugt fühlen.

- Wie wünschst Du Dir die Beziehung zu Deinen Kindern?

- Welche Qualitäten sollten Kinder haben, um ihre Eltern glücklich und stolz zu machen?

- Konzentriere Dich nun auf Deine Kinder im Einzelnen und beachte und respektiere ihre Persönlichkeiten und Bedürfnisse, und beantworte die obigen Fragen noch einmal. Vielleicht hast Du Vorurteile über oder Ängste vor der Kindererziehung oder sogar davor, Mutter oder Vater zu werden. Wenn Du bereits Kinder hast, konzentriere Dich vielleicht auf die Ereignisse, kleine wie große, die ihre Augen mit Glanz und Freude erfüllt haben. Zu häufig reagieren Kinder zurückhaltend auf das, was wir dachten, dass es sie glücklich machen würde. Erstaunen und Desillusionierung können die Folge sein. So kann es passieren, dass ein kleines Mädchen lieber ein Eis essen oder mit Aufklebern spielen, als nach Paris fliegen und die Aussicht vom Eiffelturm genießen will. Berücksichtige, dass Erwachsene und Kinder, aber auch Erwachsene und Erwachsene (sollten Deine Kinder schon erwachsen sein) vielleicht unterschiedliche Geschmäcker und Erwartungen und Visionen als Du haben können.

- Schreibe auf, was aus der Sicht Deiner Kinder, eine Mutter/ein Vater tun sollte, um als guter Vater oder gute Mutter wahrgenommen zu werden. Diese Verständnisebene ist wichtig, wenn unser Glück auch von der Meinung von anderen Menschen – in diesem besonderen Fall – von unseren Kindern abhängt.

- Was sind die Dinge, die Dich zum Lächeln bringen, wenn Du an Deine Kinder denkst? Würdest Du sagen, dass Du in einer Position bist, mehr Möglichkeiten zu schaffen, sodass Du in der Zukunft sogar noch mehr so wie jetzt lächelst?

- Bitte denke über das Thema dieses Abschnitts nach und füge alles hinzu, das Dir noch einfällt, und das Dich glücklich macht, auch wenn Du nur daran denkst:

Schreibe Deine Wünsche bezüglich Deines Erscheinungsbildes und Deiner Gesundheit auf

Da ich Dich nicht sehen kann, bin ich auch keine Hilfe, um festzustellen, ob Du Dein Äußeres verbessern solltest. Ich erachte dieses Thema als so wichtig, dass ich ihm ein ganzes Kapitel in diesem Buch gewidmet habe. Jeder Coach auf der Welt würde Dir erzählen, dass es egal ist, wie Dein Äußeres aussieht, was wichtig ist, ist wie gut Du Dich innen fühlst.

Und das trifft zu – aber nicht ganz. Leider gibt es objektive Hindernisse, die mit dem Erscheinungsbild verbunden sind, die es denjenigen, die nicht auf ihr Äußeres achtgeben, schwerer macht, im Job und in der gesellschaftlichen Arena Erfolg zu haben. Dein Erscheinungsbild ist etwas, das Du immer unter Kontrolle haben musst, denn es sich kann ständig zum Schlechteren oder zum Besseren ändern. Wir müssen uns das zunutze machen, um die richtige Richtung beizubehalten. Zum Beispiel hast Du im Januar eine Modelfigur. Dann musst Du aufgrund eines Unfalls sechs Monate mit dem Training pausieren. Im Juni hast Du so stark zugenommen, dass Du Dich auf den Hochzeitsfotos Deines besten Freundes fast selbst nicht erkennst. Dann beginnst Du eine Diät und gehst wieder trainieren. Das Weihnachtsessen ist kein Problem; Du bist wieder so fit, dass Du für drei essen kannst.

- Überlege, ob Du ab- oder zunehmen solltest, um ein *normales* Äußeres zu haben. Sei kreativ und stelle Dir bildlich genau vor, wie Du die Kleidergröße Deiner Träume trägst. Notiere Dein Zielgewicht und Deine Zielgröße.

- Wie sportlich solltest Du sein? Das ist mir nicht wirklich wichtig, aber vielleicht möchtest Du, dass Deine Brust männlicher aussieht, wenn Du ein *Er* bist, oder dass Dein Po runder aussehen, solltest Du eine *Sie* sein. – Ich mache nur Spaß! Du kannst die Frage auslassen, wenn Fitness nicht Dein Ding ist. Leichte sportliche Aktivität kann Dir allerdings helfen, gesünder zu leben!

- Visualisiere Dich mit dem Aussehen Deiner Träume und notiere eine Beschreibung von Dir, lasse Dinge, die Du nicht ändern kannst (beispielsweise Größe, Hautfarbe oder physische Handicaps) weg und berücksichtige alle anderen Details (Haare, Haut, Hände, Zähne etc.)

- Schlechte Angewohnheiten sollten absolut der Vergangenheit angehören, und ich würde Dir gerade heraus raten, den Beschluss zu fassen, mit dem Rauchen oder Trinken oder Drogen aufzuhören, solltest Du von Abhängigkeiten gebeutelt sein. Gute Dinge geschehen, sogar unter den ungünstigsten Umständen. Paradoxerweise ist jetzt eine gute Zeit, wirklich große Veränderungen zu machen, und dazu gehört auch, dass Du Deinen Körper gründlich von allen Substanzen befreist, die dazu geführt haben, dass er auf widrige oder lebensverändernde Umstände nicht reagieren kann. Wenn Du abhängig bist, schreibe Deinen Wunsch auf, aufzuhören (Rauchen, Trinken, Drogenmissbrauch oder was auch immer).

- Wenn Du eine schlechte Ehe und dann eine Scheidung verkraften musst, kann die Balance der Energien im negativen Bereich sein. Mehr Stress für den Körper und den Geist kann Menschen in Scheidung dazu bringen, bei anderen Situationen überzureagieren, und das ist ein Teufelskreis mit katastrophalen Nebenwirkungen auf Dein Leben und auf Deine Gesundheit. Sodbrennen, Herzrhythmusstörungen, Schlafstörungen, Depression, Fibromyalgien, Panikattacken, Fatigue und MCS (Multiple Chemikalienunverträglichkeit) sind nur einige wenige aber verbreitete Beispiele. Leidest Du unter einer oder mehreren psychosomatischen Störungen, schreibe in Deiner Wunschliste auf, dass Du sie loswerden und eine ausgeglichene, gesunde und souveräne Person werden willst.

- Alles ist möglich, nicht nur für die Leute aus Doku-Soaps oder Bestsellern mit Erfolgsgeschichten oder Magazinen. Alles ist auch für Dich möglich. Anzufangen, sich etwas zu wünschen, ist der allererste Ziegel, um Deine Träume zu bauen.

- Wie lange ist es her, dass Du ein Kompliment wegen Deiner Kleidung bekommen hast? Beispielsweise: „Oh, Du siehst aber gut aus in diesen Jeans/diesem Rock/dieser Jacke …" etc. Wenn Du Dich nicht mehr daran erinnern kannst, dann wird es Zeit … den Wunsch zu äußern, etwas *Stylisches* zu tragen. Wenn Du der Meinung bist, dass die Substanz wichtig ist, und dass Du Dich allein damit beschäftigen musst, um Dich besser zu fühlen, liegst Du ganz und gar nicht verkehrt. Nichtsdestotrotz musst Du über denjenigen Teil von Dir nachdenken, der – mehr oder weniger bewusst – die Einflüsse von anderer Leute Meinungen wahrnimmt, aufnimmt und darauf reagiert. Und lass mich sagen, dass es unter uns tatsächlich einige wenige gibt, denen es wirklich egal ist, was andere von ihnen denken. Irgendwie werden wir immer bei unseren Interaktionen positiv oder negativ von der Rückmeldung von Menschen beeinflusst. Und die Sensibelsten unter Euch sind auch die Verletzlichsten. Dies liegt beispielsweise vielleicht daran, weil Du Dich in ein Schneckenhaus verkriechst und soziale Kontakte scheust, weil Du nicht sehen möchtest, wie „die Anderen" das Image, das Du von Dir hast, gefährden. Und Du musst auch zugeben, dass es vielleicht ein Körnchen Wahrheit in dem geben könnte, wie Dich andere wahrnehmen, besonders wenn viele Menschen aus unterschiedlichen Kontexten Dich ähnlich wahrnehmen. Manchmal müssen wir der Tatsache einfach ins Gesicht sehen: Es besteht ein Gegensatz zwischen dem, wie wir denken, dass wir sind, und dem, wie wir wirklich sind. Sein Äußeres zu verbessern kann sich als viel dankbarer erweisen, als sich nur mit Deinen inneren Qualitäten und Deinen sozialen Kompetenzen zu befassen. Es macht Dich viel durchsetzungsstärker und selbstsicherer. Das ist entscheidend und wirklich wichtig, wenn Du Deine Rechte verteidigen musst (gegenüber Deinem Ex-Gatten oder -Gattin, beispielsweise) oder Dich auf einen Job bewirbst oder an einem Treffen in der Schule teilnimmst usw. Gut auszusehen – und mit gut aussehen meine ich nicht *schön* sondern *gepflegt* – erhöht sehr Deine Chancen, sozialen Erfolg zu haben. Eine Scheidung kann solche dramatischen Konsequenzen für manche Menschen bedeuten, dass sie einfach nicht mehr auf sich achten. Ich hoffe, dass Du nicht zu diesen Menschen gehörst oder gehören wirst.

• Bitte denke über das Thema dieses Abschnitts nach und füge alles hinzu, das Dir noch einfällt, und das Dich glücklich macht, auch wenn Du nur daran denkst:

Schreibe Deine Wünsche bezüglich Deiner Scheidung auf

- Bleibe auch in Zukunft positiv und fair; Du brauchst für nichts Rache zu nehmen. Er/sie ist Deine bessere Hälfte gewesen, auch wenn er/sie sich nun wie ein Dummkopf benimmt und Dich verrückt macht. Versuche also das *Grauen*, Dich mit Anwälten, Schätzungen, der Angst, Deine Kinder oder Dein Haus oder Geld oder was auch immer, zu verlieren, abzuschwächen, und denke nur an die positiven Dinge, die Du durch eine Scheidung bekommst – allerdings nicht mehr, als es fair wäre zu bekommen; das ist sehr wichtig. Du wirst Dich später nicht gut fühlen, solltest Du versuchen, aus der Schwäche der anderen Seite einen Vorteil zu ziehen oder wenn Du Deinen oder Deine Ex mit unmoralischen Forderungen oder Erwartungen konfrontierst. Jetzt kann sich Dein Ex-Gatte/in nicht mehr in Deine Entscheidungen einmischen – zum Beispiel jegliche Entscheidung davon, ein Haustier zu haben bis zum Umzug in eine andere Stadt (Wenn keine gemeinsame Kinder in der Ehe geboren wurden), die Du magst. Oder es könnte sein, dass Du jetzt im Bett lesen oder die ganze Nacht Nintendo spielen kannst!

- Du hast die Chance, hier Deiner Kreativität freien Raum zu lassen. Öffne Dein Herz einer Welt voller Möglichkeiten. Schreibe alles auf, was Dir einfällt und Dich zum Lächeln und Jubeln bringt: „Ich möchte, dass meine Scheidung bald vorüber ist!" zum Beispiel.

Schreibe Deine Wünsche bezüglich Deines Ex-Ehegattens oder Deiner Ex-Ehegattin auf

Wie es vor und während Deiner Ehe war, ist Geschichte. Für diesen Abschnitt ist es nötig, dass Du realistisch bist, wenn Du Deine Wünsche und Ziele formulierst. Wenn, zum Beispiel, der Ex bereits eine neue Partnerin hat, und nicht nur an ihrem Leben sondern auch an dem ihrer Kinder teil hat und bei ihnen lebt, ist es für Dich wertlos, Dir zu wünschen er würde zu Dir zurückkehren.

- Schreibe alle positiven Wünsche auf, die Du vielleicht hast, und von denen Du weißt, dass sie die aktuelle Situation zwischen Dir und Deiner oder Deinem Ex verbessern. Findest Du es zum Beispiel unerträglich, persönlich mit ihm oder ihr umzugehen, kannst Du Dir einfach größere räumliche Distanz zu ihm/ihr wünschen. Versucht er/sie Dich als Dummkopf darzustellen, um das alleinige Erziehungsrecht für die Kinder zu erwirken, dann wünsche ihm/ihr bitte nicht, an Krebs zu sterben (was natürlich, aber in diesem Fall nicht das Beste wäre), sondern erleuchtet zu sein oder einen besseren Weg zu nehmen. Es gibt so viele Konstellationen in einer Scheidung, und die Reaktionen der beiden Ex-Partner auf einander können so unterschiedlich sein! Jede Streitfrage zu klären kann sehr hilfreich sein, die Luft zu klären. Bis dahin sind die beiden einfach Gegner in einem Kampf. Wie grausam der sein kann, hängt hauptsächlich von den Anwälten ab, die sie vertreten und ihre negativen Charaktere stützen. Atme also tief ein, denn jeder Albtraum endet mit der Morgensonne.

- Bitte denke über das Thema dieses Abschnitts nach und füge alles hinzu, das Dir noch einfällt, und das Dich glücklich macht, auch wenn Du nur daran denkst:

Schreibe Deine Wünsche bezüglich Deines zukünftigen Lebenspartners

Vielleicht lässt Du Dich scheiden, weil Du ausgezogen bist oder ein neues Leben mit einem neuen Partner oder Partnerin beginnen möchtest. Oder Du bist frisch getrennt oder geschieden und hattest das Glück, schnell Deinen Seelenverwandten zu finden. In diesen Fällen kannst Du offensichtlich diesen Abschnitt überspringen.

Wenn Du eine Entzugsphase durchmachst und alle Vertreter des anderen Geschlechts (bzw. bei Schwulen und Lesben desselben Geschlechts) als eine ernsthafte Bedrohung für Dich und Deine Zukunftspläne wahrnimmst, ist das okay. Du kannst sehr glücklich alleine sein, denn wenn Du alleine bleibst, dann weißt Du genau, wo Du stehst und wo Du hinwillst. Dieses Gefühl der Freiheit zu atmen bringt Sauerstoff in Dein Leben. Noch einmal, das ist okay. Wir beide wissen allerdings, dass der Zeitpunkt kommen wird, früher oder später, wenn Du dem anderen Geschlecht wieder vertraust und Du bereit bist, Dein neues Sofa mit einem besonderen Menschen zu teilen.

Nicht jeder Mann oder jede Frau ist ein Klon Deines Ex. Sonst gäbe es nicht so viele glücklich verheiratete Menschen überall oder Menschen, die ihr ganzes Leben miteinander teilen, miteinander alt werden und immer noch Händchenhalten, während sie Park spazieren gehen. Gib niemals die Hoffnung auf, Deine Seelenverwandte oder Seelenverwandten zu finden. Wir machen Pläne für die Zukunft!

Ähem ... lass mich noch etwas hinzufügen: Vielleicht bist Du zu dem Schluss gekommen, dass Dein Lebenspartner nicht unbedingt das perfekte Gegenstück zu Dir sein muss. Vielleicht hat man Dir geraten, praktisch zu denken, weil es sich herausstellen könnte, dass die Suche nach einem idealen Partner ein Leben lang dauern kann.

Vielleicht bist Du auch zu der Feststellung gekommen, dass Du Dich anpassen und Kompromisse schließen musst, weil auch Menschen, die unattraktiv aussehen (immer ausgehend von Deiner persönlichen Skala, nicht als absoluter Wert) wiederum auch wunderbare Eltern und Partner sein können. Sperr Deine Ohren auf und höre die folgenden Worte: Das sind nur Klischees!

Die Wahrheit ist, dass es kein bestimmtes Gesetz gibt, das Dir sagt, wie eine Person wirklich ist, oder ob diese Person gut für Dich ist, basierend auf seiner oder ihrer äußeren Hülle. Das ist der Grund, warum Du fordern kannst, den Partner Deiner Träume kennenzulernen – und das umfasst das ganze Paket.

- Beschreibe ihn/sie im Detail und gib Deinen Wünschen eine präzise *Form*. Du wirst das Objekt Deiner Träume visualisieren und seine/ihre Präsenz jeden Tag bei Dir spüren, bis er/sie wirklich in Deinem Leben auftauchen wird. Glaube es oder lass es bleiben, es wird passieren! Ergänze die Beschreibungen mit persönlichen Qualitäten. Ich gebe Dir nur einige Hinweise dazu: Tue so, als würdest Du jetzt sofort Deinen neuen Lebenspartner bestellen. Ich bin sicher, es wird Dir Freude machen!

- Wie sollte Deinen zukünftigen Partner aussehen?

- Welche Art Charakter sollte er/sie haben?

- Wie wünschst Du Dir, dass er/sie zu Dir steht?

- Wie möchtest Du zu ihm oder ihr stehen?

- Welche Vorzüge erwartest Du von ihm oder ihr zu Hause, am Arbeitsplatz und mit Kindern?

- Sollte er/sie in der Lage sein, Dir finanzielle Sicherheit zu bieten?

- Wie alt sollte Dein zukünftiger Partner mehr oder weniger sein?

- Was wünschst Du Dir, womit sollte er/sie ihr Leben finanzieren? Wenn dir das nicht wichtig ist, lass es offen. Es gibt allerdings einige Berufe, die recht *anders* sind, und Menschen bevorzugen Partner, die einen ähnlichen beruflichen Hintergrund haben. Man denke an Schauspieler oder Leute, die in der Unterhaltungsbranche arbeiten. Die Tatsache, dass sie häufig untereinander heiraten ist nicht nur Zufallsprodukt. Sie können sich einfach besser verstehen und gegenseitig unterstützen, wenn es darum geht, kein regelmäßiges Einkommen, lange Pausen oder unvorhersehbare Karriereeinbrüche zu haben.

- Ohne die Wahl Deines zukünftigen Partners beeinflussen zu wollen, bin ich vollkommen einverstanden mit einem potenziellen Lover, der meinen oder einen ähnlichen Geschmack teilt, und mit dem ich gemeinsame oder ähnliche Ziele teilen kann. Auf lange Sicht ist es mühsam, jeden und alle Aspekte Deines Lebens auf jemanden einzustellen, der völlig anders ist. Es kann erstaunlich erfrischend und interessant sein, jemanden zu treffen, der ganz anders ist als Du. Aber dann verbringst Du mehr Zeit damit, darüber nachzudenken, wie Du Diskrepanzen überbrückst und Auseinandersetzungen vermeidest, als Eure Zeit gemeinsam zu genießen. Die modernen Lebensrhythmen erlauben Familien und Paaren nicht, ihre Zeit irgend anders gemeinsam zu verbringen als auf eine konstruktive, liebevolle und friedliche Weise. Egal – hier bist Du es, der oder die die Ziele setzt. Lächle!

- Bitte denke über das Thema dieses Abschnitts nach und füge alles hinzu, das Dir noch einfällt, und das Dich glücklich macht, auch wenn Du nur daran denkst:

> Schreibe Deine Wünsche bezüglich anderer Dinge im Leben auf, die Dir wichtig sind, und die Du vielleicht ändern oder verbessern willst

- Wenn Du im Moment unzufrieden mit etwas Wichtigem, etwas sehr Aktuellem, das für Deine Selbstverwirklichung und Dein inneres Gleichgewicht wichtig ist, bist, musst Du darüber nachdenken, wie Du diese Dinge verbessern möchtest. Schreibe sie auf und stelle Dir das bestmögliche Ergebnis vor.

- Denke über Hobbys, Reisen, Weiterbildung oder was immer Dein Herz begehrt nach.

- Bitte denke über das Thema dieses Abschnitts nach und füge alles hinzu, das Dir noch einfällt, und das Dich glücklich macht, auch wenn Du nur daran denkst:

Wenn Du den Fragebogen ausgefüllt hast, bist Du vielleicht sehr müde oder aufgeregt oder beides. Indem Du Deine Wünsche aufgeschrieben hast, hast Du ein wertvolles neues Bewusstsein erlangt. Du verfügst nun über eine klarere Sicht und bist Dir über Deine eigentlichen Ziele klar und stehst nicht mehr ganz am Anfang. Du bist schon auf dem Weg zur Verbesserung Deines Selbsts.

DIE MACHT DEIN LEBEN ZU GESTALTEN

Wir werden von unseren Gedanken geformt und gestaltet. Die, deren Geist von selbstlosen Gedanken geprägt wird, verbreiten Freude wenn sie sprechen oder handeln. Freude folgt ihnen wie ein Schatten und verlässt sie nie.
Gautama Buddha (ca. 563 – ca. 483 v. Chr.)
Philosoph, spiritueller Lehrer und Gründer des Buddhismus

Jeder Mensch muss in sich hineinschauen, um die Bedeutung des Lebens zu begreifen. Es lässt sich nicht entdecken: Es wird gestaltet.
Antoine de Saint-Exupéry (1900 –1944)
Bekannter Autor, Dichter, Flieger

Es gibt viele verschiedenen Gedankenschulen und Strömungen und Quellen, sowohl aus der Vergangenheit als auch aus der Gegenwart, die erklären, wie wichtig es sei, zu wissen, was man will, es deutlich zu sagen und entschieden die eigenen Ziele zu verfolgen. Entschieden soll heißen bestimmt und konsequent. Bestimmtheit ist zu allererst eine Geistesverfassung.

Du möchtest eine glückliche geschiedene Person (GGP) werden, und das wirst Du auch, gleichgültig, wie kompliziert Dein Leben jetzt ist, gleichgültig, wie viel Leid Du erlebt hast, gleichgültig, wie Deine finanziellen Mittel im Moment sind, und auch gleichgültig, ob Du zurzeit unter einer Sucht leidest (die möglicherweise das Ergebnis der schlechten Beziehung mit Deinem Ex und allen daraus folgenden Konsequenzen ist).

Du bist stärker als all das, stärker als Du denkst, glaube mir. Du bist perfekt geschaffen worden. Du hast die Kraft, jedes und alle

Hindernisse zu überwinden und jeden und alle Gegner zu besiegen. Nach all dem wirst Du nicht nur ein Überlebender sein, sondern ein echter Eroberer.

Menschen, die nichts als ihre Träume besaßen, haben die höchsten Erfolge auf allen möglichen Gebieten erreicht. Ihnen war eines gemeinsam: Sie glaubten an ihre Träume. Der berühmteste und bekannteste ist: *„Ich habe einen Traum"*, aus einer Rede von Martin Luther King Jr., vom 28. August 1963. Wir wissen auch, welche Berge sein Traum versetzte, was der Traum einer einzelnen Person für die gesamte Menschheit erreicht hat.

Nun hast Du eine sehr wichtige und wertvolle Liste vor Augen. Die Liste Deiner Träume!

Ich nehme an, dass Du der Form nicht viel Aufmerksamkeit geschenkt hast, als Du den Fragebogen beantwortet hast. Er kann chaotisch und unordentlich aussehen. Daher bitte ich Dich, die Antworten in einem neuen Dokument zu organisieren und zu verdichten, sodass sie schön aussehen und leicht zu lesen sind. Es ist eine tolle Idee, dazu ein Motivationsposter zu erstellen, auf dem Du Bilder sammelst, die Deine Worte illustrieren). Du könntest den Traum von Deinem Zuhause (falls das für Dich zutrifft) ergänzen, indem Du ein Bild von einem Haus dazu klebst, das Deinem noch zu kaufenden oder zu bauenden Haus ähnlich sieht.

Es ist wichtig, dass Du Dein Motivationsposter an einem Ort aufhängst, wo Du es siehst. An Deinem Arbeitsplatz kann der beste Ort neben oder über Deinem Schreibtisch sein, alternativ, wenn Du Deine Träume und Ziele lieber für Dich behältst (was manchmal besser ist), hänge es zu Hause dort auf, wo Du es häufig sehen kannst.

Du solltest die Liste mit Deinen Träumen mindestens einmal am Tag lesen können – bevor Du ins Bett gehst ist der beste Zeitpunkt, denn nachts wird sich Dein Unterbewusstsein damit beschäftigen. Auf der anderen Seite solltest Du nicht davon gelangweilt sein. Du kannst Dir einfach deine Unterlagen oder das Poster ein oder zwei Mal am Tag ins Gedächtnis rufen. Gedanken sind viel schneller als die Augen, und wenn Du Dir das Poster vorstellst (mit offenen oder geschlossenen Augen) anstatt es dir anzuschauen, funktioniert es ebenso gut. Du wirst Stück für Stück feststellen, welches Instrument Du in der Hand hältst, vorausgesetzt, dass es wirklich mit Deinen echten Wünschen übereinstimmt.

DIE KUNST, DEN RICHTIGEN ZEITPUNKT ZU SETZEN

Ein Termin ist im Allgemeinen wesentlich, um Ziele zu setzen. Du kannst Dir tatsächlich für alle Deine Wünsche Fristen setzen und sie zu Beginn aufschreiben. Beispiel: *„Bis zum 15. März nächstes Jahr möchte ich mit meinem neuen Lebenspartner auf den Malediven Urlaub machen."* Ist der Zeitplan zu langfristig, kann das manchmal demotivierend sein. Dein Ziel liegt so weit entfernt, dass Du es kaum sehen und treffen kannst. Ist der Zeitplan zu kurzfristig, kann das Stress auslösen; manchmal brauchst Du einfach mehr Zeit als geplant, um Deine Ziele zu erreichen. Besser ist es, wenn Du Fristen vage hältst und Deine Wünsche folgendermaßen ausdrückst: *„So bald wie möglich möchte ich mit meinem neuen Lebenspartner auf den Malediven Urlaub machen."* Stelle Dir bildlich vor, wie Du einen bunten Cocktail in einem dieser schönen Pfahlbauten, die in dem transparenten Wasser des Indischen Ozeans stehen, trinkst. Dein GGP-Plan kann sehr lustig sein. Du kannst an Deine Träume denken, wo immer Du auch bist, jeden Moment des Tages, und indem Du sie einfach visualisierst, programmierst Du Dein Gehirn und Dein Unterbewusstsein darauf, für die Erfüllung entsprechend zu agieren.

GEIST, UNTERBEWUSSTSEIN, GEDANKEN UND IHRE GESTALTENDE KRAFT

Mein Ziel in diesem Abschnitt ist, Dir Hinweise zu geben, Dir bestimmte Inhalte zugänglich zu machen, Dich anzuregen, über die Dinge, die Du als Wahrheiten gelernt hast, hinauszudenken. Dann wirst Du in der Lage sein, Dein neues Bewusstsein so zu nutzen, als sei es Fahrzeug, das Dich genau dort hinbringt, wo Du hin willst.

Ich habe Dich gebeten, einige Dinge zu tun und auf eine bestimmte Art und Weise zu denken, um Dich in eine glücklich geschiedene Person zu verwandeln. Wie dies nun geschieht, kann Dich mehr oder weniger interessieren. Du kannst ein perfekter Chauffeur sein, ohne zu wissen, wie eine elektrische Zündung funktioniert! Das ist der Grund, weswegen ich dieses Kapitel nicht als wissenschaftliche Abhandlung schreibe, sondern die Leser und Leserinnen, die mehr erfahren möchten, einlade, die Themen, die ihr Interesse erregen, tiefer gehend zu erkunden.

Der Mechanismus, der uns ans Ziel bringt, hat verschiedene, sich annähernde Erklärungen. Die meisten von ihnen haben wissenschaftlichen Wert und wurden empirisch bestätigt.

Den meisten erfolgreichen Menschen zufolge beinhaltet das Erreichen von Zielen eine Kombination aus Konzentration, Bestimmtheit und Glück. Es scheint, dass Glück (im Sinne einer Folge von glücklichen Umständen) diejenigen küsst, die sich beharrlich bemühen und ihren Träumen treu bleiben.

Positives und konstruktives Denken bewirkt positive Bedingungen und Ereignisse, sodass unsere Wünsche Form annehmen und wahr werden. Wissenschaftliche Untersuchungen des Instituts für Neurobiologie am Max Planck Institut in München belegen, dass das menschliche Gehirn viel aufmerksamer ist und langfristig Ziele ansteuert, wenn es auf positive Weise stimuliert ist. Und dies geschieht durch positive Gefühle. Umgekehrt funktionieren wir (das heißt funktioniert unser Gehirn) am schlechtesten, wenn wir negative Impulse oder Gefühle haben. In ähnlicher Weise können wir auch bestätigen, dass wir negative Ergebnisse oder gar keine hervorrufen, wenn wir negativ denken!

Die Konditionierung von Gedanken (sie wird beim Militär, beim Geheimdienst und in religiösen Sekten überall in der Welt eingesetzt, und nicht immer unter den glücklichsten Umständen) ist eine Realität und basiert darauf, unser Gehirn mit bestimmten Zielen zu prägen. Wenn wir uns darauf *programmieren*, ein bestimmtes Ziel zu verfolgen, dann erreichen wir es als Ergebnis von auf einander abgestimmten und fokussierten Handlungen.

Einige mögen sagen, dass wir ein wesentlicher Bestandteil Gottes sind, das wir Teil Gottes sind, und dass wir nicht nur an der Unendlichkeit des Universums teilhaben, sondern dass wir in der Tat das Universum sind, angenommen letzteres sei eine Art unendlicher Organismus, wo alle Dinge mit einander verbunden sind und bereits existieren. Allerdings, können wir, wenn wir dem simplen Dogma *„bitte, glaube, empfange"* folgen, sich alles manifestieren lassen, was wir uns wünschen, vom großen Geld bis hin zum idealen Partner – einfach, indem wir daran denken. Man geht davon aus, dass Gedanken dafür sorgen, dass Dinge sich materialisieren, und dass sie die Energie, die das Universum bewegt, und die Grundlage der Schöpfung sind.

Bisher finde ich persönlich nichts daran, was ich nicht akzeptieren und in meinen eigenen Glaubenskatalog integrieren könnte. Ich bin nicht religiös, aber ich bin zutiefst spirituell. Meiner Meinung nach ist eine Person, die der Spiritualität keinen Raum gibt, kaum in der Lage, inneres Gleichgewicht zu finden. Und ich sehe auch diejenigen Menschen als spirituell an, die sich einfach fragen, wie und warum sie hier und jetzt leben, dafür aber keine gültige Erklärung finden.

Schließlich hat auch die akademische Welt akzeptiert, dass es mehrere Theorien, mehrere Realitäten geben kann. Vielfachheit ist in der Tat ein neuer Weg die Realität wahrzunehmen, im Gegensatz dazu, wie die Wissenschaft das Thema in der Vergangenheit betrachtet hat – nämlich durch Ausschluss.

Tatsache ist, dass wir wie alles andere auf der Erde nicht nur aus Materie sondern auch aus Energie bestehen. Denke an die Struktur eines Atoms: Ein Nukleus, um den Neutronen und Elektronen herum kreisen. KREISEN! Eine Menge leeren Raums, der mit Energie gefüllt ist, die dieses Mikrosystem zusammenhält. Moleküle setzen sich aus Atomen zusammen, die Zellen ausmachen, aus denen unser Körper besteht; wir sind ätherischer als wir glauben! Diese Energie ist real. Ein Energiefeld kann mit anderen Energiefeldern interagieren und bei ihnen für Veränderungen sorgen. Dazu ist es nur nötig, dass sie sich einander annähern. Es geschieht durch Vibrationen oder Wellen, die diese Energiefelder aussenden, dass Dinge mit anderen Dingen oder menschliche Körper mit Dingen kommunizieren, daher geht man davon aus, dass wenn Du dieselbe Wellenlänge wie etwas hast, Du dieses Etwas empfängst, wie morgens Dein Radio die Nachrichten empfängt. Wenn wir negativ aufgeladen sind, ziehen wir Negativität an. Umgekehrt ziehen wir Positivität an, wenn wir positiv aufgeladen sind. Wie häufig hattest Du das Gefühl, dass Dir eine Person nahekommt, wenn Du zugewandt bist? Das kann besonders dann zutreffen, wenn wir jemanden sehr mögen und er/sie auf uns zukommt: Die Luft ist so dick, man könnte sie schneiden! So ist es doch, oder? Oder liegt es daran, dass wir diese Person sehr mögen, weil unsere Energiefelder (oder Auras oder Seelen, wie Du es auch nennen willst) kompatibel sind, da sie einander dieselben Vibrationen aussenden?

Noch einmal, es existieren viele Theorien (in der Tat viel mehr als diejenigen, die ich aufgelistet habe), die auf verschiedene, aber keineswegs sich widersprechende Weise den Wert positiver Gedanken und ihrer wichtigen Rolle bei der Umsetzung von Projekten bestätigen. Darüber hinaus wird berichtet, dass sie in der Lage sind, die schlimmsten denkbaren Schicksalsschläge umzukehren und unheilbare Krankheiten zu heilen. Ich persönlich würde diese Behauptung mit Vorsicht betrachten, insbesondere wenn man vor der Wahl zwischen traditioneller Medizin und alternativen Heilmethoden steht, um Krebs oder andere lebensbedrohliche Krankheiten zu behandeln.

Kürzlich wurde eine Studie an ehemals tödlich erkrankten Patienten durchgeführt, die sich auf wunderbare Weise von ihren fatalen Krankheiten erholt hatten. Sie hatten sehr unterschiedliche Hintergründe (verschiedene Kulturen, Religionen, Rassen, Geschlecht, Bildungsniveaus etc.). Sie wurden direkt gefragt, wie ihr Leben jetzt war und was sie getan hatten, das ihre Heilung erklären oder damit in Zusammenhang gebracht werden könnte. Drei Antworten wurden von allen gegeben: 1. *„Ich bete oder bitte darum, am Leben zu bleiben"*; 2. *„Ich genieße jeden Augenblick meines Lebens und lächele viel"*; 3. *„Ich danke Gott oder dem Schicksal jeden Tag, dass ich noch am Leben bin"*; ein Patient hat das schon seit dreißig Jahren getan! Unter ihnen waren Kleinbauern, die in der Einöde lebten und Menschen mit geringer Bildung, die noch nie von der Macht der Gedanken, Selbstentwicklung, Motivationscoaching oder ähnlichem gehört hatten. Sie hatten einfach den festen Willen nicht zu sterben. Sie baten darum. Sie glaubten daran. Sie bekamen es. Zufall? Sehr interessant. Zu dem starken Wunsch und Glauben kamen Glücksgefühle (*Lachen ist die beste Medizin* ist weitreichend bekannt – außerdem werden passive Muskeln aktiviert, Gefäßwände werden gestärkt, die Durchblutung wird gefördert) und Dankbarkeit, die dazu führten, dass ihre Wünsche von ihrem Unterbewusstsein wahrgenommen wurden. Ihr Unterbewusstsein setzte dann den Heilungsprozess in Gang, bis sie wieder ganz gesund waren. Das fanden Wissenschaftler heraus. Unsere *unbewussten Gedanken nehmen uns eine Anzahl unglaublich komplexer Aufgaben ab*, während wir unseren täglichen Aktivitäten nachgehen und wir uns einfach nicht darum kümmern. Beispielsweise atmen, aufmerksam sein, um Unfälle zu vermeiden und Wunden zu heilen (das heißt Millionen verschiedener Zellen zu managen, die für den Transport, die Eliminierung und den Ersatz abgestorbenen Gewebes zuständig sind), unser Wissen und unsere Erinnerungen organisieren etc.

Der unbewusste und bewusste Verstand können nicht mit einander kommunizieren – oder besser, nicht auf direktem Wege, als dass sie uns erlauben würden, das Unterbewusstsein durch das Bewusstsein zu kontrollieren. Und das ist gut so, denn lebenserhaltende Funktionen würden sonst mit unserem eigenen Willen in Konkurrenz treten! Was das Unterbewusstsein für das, was wir wollen, empfänglich macht, ist die Wiederholung (wir gehen jetzt wieder zurück zur Konditionierung!) und ein starkes positives Gefühl (wie bereits erwähnt) in Kombination. *Gebete* – denke darüber nach – sind nichts anderes als die Wiederholung dessen, was wir wollen, verstärkt durch den Glauben. Das ist der Grund, warum manchmal sogenannte *Wunder* intensiven Gebeten folgen!

Du brauchst ein sehr starkes Gefühl (Du musst vor Wollen brennen, einfach schon beim Gedanken daran erschaudern!) für etwas, dass Du haben willst, sei es ein Auto oder eine gute Scheidung beispielsweise, um es zu erreichen. Dann werden Bestimmtheit, Fokus und Handlung ohne große Anstrengung folgen, weil Du einfach inspiriert bis. Es funktioniert nicht, wenn Du Dir wünschst, dass Dein Ex einen Unfall hat oder Krebs bekommt, damit er/sie verschwindet. Es scheint nur dann zu funktionieren, wenn Du guten Willens bist, und wenn Deine Ziele mit denen anderer Menschen harmonieren. Also, versuche es gar nicht erst mit negativen Gedanken!

Ich kann Dir sagen, was meine persönliche Erfahrung in dieser Hinsicht ist: Wann immer ich einen Traum hatte und er wörtlich in mir brannte (mit kreativen Gedanken und Ideen, von denen ich mitten in der Nacht aufgewacht bin), wurde er wahr. Unter diesen Umständen habe ich wirklich alles bekommen, was ich mir wünschte – meine eigenen Firmen, das Auto und andere Ziele, die ich mir in meinem Leben gesetzt habe. War ich zu beschäftigt, zu sehr beeinflusst oder gedämpfter Stimmung oder zu unaufmerksam, um zu bemerken, was ich wirklich wollte, verlor ich meine Träume aus den Augen, und dann passierten mir die seltsamsten und unschönen Situationen im Leben.

Daher gibt es eine starke Verbindung und einen Zusammenhang zwischen Freude, Selbst und Schöpfung – wie es auch im Reich der Natur geschieht, wo neues Leben aus der Vereinigung zweier Organismen, die einen Orgasmus haben, entsteht, seien es nun Pflanzen oder Tiere.

Bestimmtheit ist etwas, das Du nicht vorspielen kannst. Es muss aus Dir heraus kommen. Motivation verschwindet wieder und bringt keine mechanische Bewegung in Richtung auf eine Handlung hervor, wenn Dein Selbst nicht *persönlich* in den Prozess der Gestaltung involviert ist. Früher oder später bist Du es leid, etwas immer noch zu tun, woran Du nicht glaubst. Noch einmal, es kommt nur aus *Deinem* Inneren, und es passiert, wenn *Deine* Träume und *Deine* Ziele übereinstimmen, nicht wenn *Deine* Ziele gleichlautend sind mit den Träumen von *jemand anderem*.

Wenn Du träumst, fühlst Du Dich lebendig, stark und glücklich. Das ist der fruchtbarste Boden, um neue Samen zu säen. Jetzt verstehst Du ein bisschen besser, warum Du gerade in dieser besonderen Situation einfach Deine Träume *anschalten* musst, um anzufangen, positive Veränderungen hervorzurufen. Ich bin davon überzeugt, dass es in unserer Natur liegt, dass diese Kraft zu uns gehört. Wir verfügen in unserem Inneren eine Welt unglaublicher Fähigkeiten. In einiger Hinsicht haben wir sie bisher vergessen oder missbraucht oder ignoriert, und einige von ihnen sind verschwunden.

Bestimmte Überlebensinstinkte, die zum Beispiel Tieren, Pflanzen und auch dem Menschen eigen sind, gehen in unserer Spezies im Alter von sechs Monaten verloren (natürliche Reflexe wie Klettern, Greifen oder Schwimmen). Man geht auch davon aus, dass Babys zu ihren Müttern eine telepathische Verbindung haben, um zu bekommen, was sie brauchen. Und tatsächlich, ich weiß ganz sicher, dass mein Kind niemals weinen musste, um das zu bekommen, was es wollte, bis es im Kindergartenalter war. Erstaunlicherweise habe ich es immer verstanden und entsprechend reagiert. Das Drama ist, dass wir unser instinktives Verhalten und diese Fähigkeiten verlieren, sobald der Lernprozess einsetzt. Und je mehr wir lernen und der äußeren Welt erlauben, sich in unseren Gehirnen festzusetzen, desto weniger Kontakt haben wir mit unserer eigentlichen Natur.

Was nicht heißen soll, dass unsere ursprüngliche Natur und Substanz verschwunden ist! Ganz und gar nicht. Er ist da, ein ganzer Satz von Gelegenheiten. Und wenn ein autistischer Mensch es schafft, präzise den Stadtplan von Manhattan wiederzugeben, nachdem er nur einen kurzen Blick darauf geworfen hat, oder ein anderer automatisch erstaunlich lange und komplizierte Gleichungen in Millisekunden rechnen kann, dann hat das menschliche Gehirn wirklich unbegrenzte Kapazitäten. Es gibt außerdem Menschen, die über einen hohen IQ verfügen, deren Fähigkeiten (die häufig trainiert und weiterausgebildet werden) für jeden mit einem normalen IQ unglaublich sind und weit über das normale Maß hinausgehen. Beispielsweise hat ein deutscher Anwalt 1.400 unterschiedliche Ziffern in der richtigen Reihenfolge im Finale bei einer Mastermind-Weltmeisterschaft wiedergegeben. Autistische Menschen zeigen besondere Fähigkeiten und einen Mangel an sozialer Kompetenz. Sie haben keine Gefühle und müssen lernen, wie man Reaktionen (d. h. wie man auf Liebe, Zuneigung etc. reagiert, wie man es von ihnen menschlich erwartet) zeigt, um sozial integriert zu sein. Berühmte Autisten waren Mozart, Einstein, Jefferson, Newton,

Michelangelo ... seltsam, nicht wahr? Dann ist vielleicht der Vorwurf, dass Lernprozesse, soziale Konditionierung und Erziehung die Kontrolle, die wir über den Geist haben, zerbrechen und vernichten, wahr! Wenn diejenigen (siehe oben), die sich nicht von Gefühlen und sozialem Druck beeindrucken lassen, unschuldig bleiben und ihre ursprünglichen Kräfte nutzen können, dann stutzen uns die Väter, Mütter, Professoren, Kollegen, Vorgesetzten und der Präsident der Vereinigten Staaten etc. in ihrem Versuch, aus uns bessere Menschen zu machen, die Flügel.

Nun ist es deutlicher geworden, wie wichtig der Fragebogen ist (den Du als Instrument, um mit Deinem Selbst in Kontakt zu kommen und zu bleiben, ausgefüllt hast). In Dir steckt die Kraft, alles zu tun, was Du willst!

Wenn Du dem christlichen Glauben angehörst, wirst Du das in den Worten Christi bestätigt finden. Mit der Dreieinigkeit *Vater, Sohn und der Heilige Geist* begründete er das Konzept der Koexistenz und der Verbindung von Fleisch und dem Göttlichen. Die alten griechischen Götter verhielten sich wie Menschen, obwohl sie übernatürliche Kräfte besaßen. Daher darf niemand verunglimpft oder als Gotteslästerer kritisiert werden, der sagt, dass jede Person einen Teil von Gott verkörpert, selbst ein Gott ist. Nach diesem Dogma sollten wir in der Lage sein, jede Realität zu erschaffen, die wir uns wünschen. Das bedeutet, dass wir die Fähigkeit haben, unsere Gedanken zu manifestieren – sie in Materie umzuwandeln.

Ich weiß nicht, ob Du das glauben kannst oder nicht. Ich bitte Dich auch nicht, es zu tun. Es ist auch nicht so wichtig, denn abgesehen von der Vielfalt der religiösen, philosophischen und wissenschaftlichen Erklärungen, gibt es Dich und Dein Leben und die Dir eigenen Fähigkeiten. Und diese können wahrgenommen und unabhängig irgendeines äußeren Glaubens genutzt werden. Sie gehören zu Dir wie Deine Hände und Deine Augen.

Ich persönliche akzeptiere Annahmen als wahr, sobald sie statistisch belegt und offensichtlich sind. Manchmal bin ich eine Art St. Thomas und muss Dinge mit eigenen Augen sehen und anfassen, um sie zu glauben. Es gibt einfach zu viele Menschen, die bestätigen, dass sie ihren Willen und ihre Gedanken dazu nutzen, um das zu bekommen, was sie sich wünschen, und ich gehöre dazu. Ich habe meinen starken Willen immer eingesetzt, sogar als Kind. Instinktiv. Meine Mutter erzählte oft davon, dass ich mich als Fünfjähre mit einem kleinen Freund unterhalten habe. Mit größter Autorität und Selbstbewusstsein sagte ich ihm genau diese Worte: „*Wenn du etwas willst, dann musst du darauf beharren und beharren, bist du es bekommst! Das mache ich auch, und ich bekomme immer, was ich will.*" Ich bekomme eine Gänsehaut. Welche Bestimmtheit für ein fünfjähriges Kind!

Ich hatte schon immer Träume, und wenn ich mich auf etwas konzentrierte, bekam ich, was ich wollte. Und das ist genau der richtige Weg, um Realitäten zu schaffen. Endlich dieses eine bestimmte Problem zu lösen, diesen Job zu bekommen oder diesen bestimmten Partner zu erobern ist immer eine Frage des Denkens und einem Ziel zu folgen. Allerdings wollte ich herausfinden, wie es funktionierte. Ich las Unmengen von Büchern und Artikeln, nahm an Seminaren und Web-Seminaren teil und lernte aus verschiedenen Quellen, alten wie neuen, aus verschiedenen Glaubensbewegungen, die entstanden waren – alle möglichen Theorien und Erklärungen, die dieses Phänomen beschrieben: All das ändert nichts an der Tatsache, dass unsere Gedanken die Basis der Gestaltung sind. Jedoch je stärker Du Dir dessen bewusst bist, desto besser kannst Du es kontrollieren. Kontrolle beinhaltet die Beherrschung eines Phänomens, und das ist, was ich Dir in diesem Buch versuche zu vermitteln.

Die Natur ist perfekt. Sie hat perfekte Systeme geschaffen. Die Evolution ist eine logische und präzise Antwort auf die verschiedenen Lebensformen, damit sie den Veränderungen ihrer Umgebung gewachsen sind. Denke an die Eigenschaften von Blumen und Tieren, an ihr unglaubliches Zusammenspiel, damit sie einander helfen, ihren Lebenszyklus zu vervollkommnen und das Fortbestehen ihrer Spezies zu sichern. Wir sind nur ein Teil dieser Perfektion!

Da Du Dir nun Spektrum Deiner Existenz klargemacht und ein Instrument geschaffen hast, sie zu visualisieren (das Motivationsposter oder das Papier, auf dem Deine Träume stehen) schaust Du nicht länger dabei zu, was in Deinem Leben passiert. Du beginnst es zu gestalten!

> ## STIMME DEINE GEDANKEN EIN, UND VERLASSE DICH AUF DEINE WAHRNEHMUNG, UM DAS LEBEN ZU BEKOMMEN, DAS DU DIR WÜNSCHT

Bleib immer Deinem wahren Selbst und Deinen Wünschen treu ohne sie zu verraten. Etwas sein zu lassen, sobald sich Dir Hindernisse in den Weg stellen, kann sich als sehr schwerer Fehler herausstellen; das Ziel liegt häufig nur einen Schritt entfernt, um die Ecke. Sobald Du Deine Ziele festgestellt hast, ist es ratsam, an ihnen festzuhalten, bis Du sie erreicht hast. Es ist nicht gut, alle zwei Wochen seinen Plan zu ändern. Es ist tatsächlich so, dass in Deinem Gehirn ein Mechanismus in Gang gesetzt wird, wenn Du Dir etwas sehr wünscht und auch vorhast, Deinen Wunsch wahr werden zu lassen, vorausgesetzt, Du räumst ihm Zeit ein, sich zu erfüllen. Lass mich das erklären. Dein Unterbewusstsein ist wie eine gute Mutter und stellt sicher, dass Dein Körper reibungslos funktioniert. Es stellt auch sicher, dass Dein emotionales Leben erfüllt ist – kurz: dass Du zufrieden bist. Allerdings hat es keine Mittel festzustellen, ob diese Zufriedenheit richtig oder falsch ist (man denke beispielsweise an Drogenabhängigkeit). Das Unterbewusste denkt nicht nach, es funktioniert! Es ist Dein unbewusster Geist, der Dir aufgrund Deiner Erziehung, Erfahrungen etc. sagt, was richtig ist und was nicht.

Zurück zum Unbewussten: Wenn Deine Gefühle bezüglich Deines Wunsches so stark sind, dass Du seine Wellenlänge erreichst (was nicht so einfach geht wie per Telefon eine Pizza zu bestellen!), fängt Dein Unterbewusstsein an, Handlungen in Richtung auf die Wünsche und Gedanken auszurichten, indem es Deine Sinne und Fähigkeiten aktiviert. Beispiel: Du träumst von einem Job in Paris. Paris und einige Aspekte dort zu leben, Architektur wie der Eiffelturm oder die hübschen Bistros in Saint Germain beschäftigen Dich ständig in Gedanken, es sind wichtige Themen für Dich. Du ertappst Dich dabei, dass Du automatisch *Paris* googelst, um mehr Informationen zu bekommen. Plötzlich stellst Du eine Reihe von Dingen in Deiner Umgebung fest, die mit Paris in Zusammenhang stehen (Leute sprechen Französisch, französischer Senf, französische Autos, französische Kleidung, französische Parfums etc.). Auch während Du an andere Dinge denkst und Deinen alltäglichen Aktivitäten nachgehst, arbeitet Dein Unterbewusstes im Hintergrund weiter, weil es darauf abzielt, Deinen Wunsch zu erfüllen, nach Paris zu ziehen und dort zu arbeiten. Du hast noch nicht mal angefangen, nach Stellenangeboten zu schauen, aber voilá, während Du in der U-Bahn sitzt, fällt Dein Blick entlang des Ganges auf eine halbseitige Zeitungsanzeige: *In Paris* wird jemand mit Deinen Qualifikationen gesucht. Nach dem erfolgreichen Bewerbungsgespräch hast Du kaum Zeit, den Umzug zu organisieren; Du wirst in Dein neues Leben in Paris katapultiert. Ohne dass Du es bemerkt hast, hat Dein Unterbewusstsein dafür gesorgt, dass Du ein *Empfänger* bist, indem es alle Deine Sinne für Dein inneres Ziel instrumentalisierte. Dies ist nur ein Beispiel dafür, wie es funktioniert. Es ist kein Märchen. Wenn uns etwas interessiert, beginnt unser tolles Gehirn aufmerksam zu werden. Das gilt auch für kleinere Dinge, die scheinbar keine Bedeutung haben, aber unser Interesse wecken.

Ein weiteres Beispiel: Mein Vater wohnt ca. 1.500 Kilometer von mir entfernt. Erst kürzlich kaufte er ein neues Auto, ein SUV (Sport Utility Vehicle). Ich wusste noch nicht mal, dass eine Wagenklasse dieses Namens existierte, aber sobald mein Vater das Auto gekauft hatte, vielen mir immer mehr solcher Wagen auf – und es gab viele! Ich stellte fest, dass gut 10% der Autos in meiner Nachbarschaft in der Tat SUVs sind. Und auf dem Parkplatz stehe ich zufällig häufig neben SUVs. Ich habe mein ganzes Leben ohne SUVs gelebt, und dann tauchten sie plötzlich an der Oberfläche auf! Nochmals: Das ist nur eine Art und Weise, wie unser Unterbewusstsein für uns arbeitet. Und wir können uns diese Qualität zunutze machen, indem wir die Gedanken genießen, die uns wichtig sind. Formen unsere Gedanken unsere Realität? Kein Zweifel – sie tun es!

Nutze Deine neue Aufmerksamkeit und genieße die Zeit von jetzt ab. Nie zuvor hat Deine Zukunft so viel Potenzial bereitgehalten. Nun wirst Du Dein Leben in einer Weise formen, wie Du es Dir wünscht, und dieser Schaffensprozess ist einfach fantastisch und aufregend!

Sei aufmerksam, offen und bereit, die Vorschläge, Hinweise und positive Bedingungen aufzunehmen, die Dir Dein Geist von Zeit zu Zeit zur Verfügung stellt. Habe keine Angst, neue Unternehmungen oder neue Projekte anzugehen. Veränderung gehört zu unserer Natur und zeichnet jedes Teilchen unseres Körpers aus.

Es wäre eine Schande, Deine Ängste die positive Lebensenergie aufhalten zu lassen, die Dich *froh und munter* macht. Einer der größten Widersacher von Glück ist in der Tat Angst. Leider sind die Ketten, die die Menschen an ihre bequeme Mittelmäßigkeit binden, dieselben, die ihre Zukunft mit einem erfolglosen Schicksal verknüpfen. Der Mut zu Träumen ist der allererste Schritt. AUF DEINE TRÄUME ZU HÖREN ist der zweite!

Ich glaube wirklich an eine Welt, in der alles möglich ist. Als eine perfekte Mischung aus Spiritualität und wissenschaftlicher weltlicher Gesinnung bin ich frei, mir alles zu bewahren, was ich als positiv und konstruktiv für mein Leben halte, ohne Rücksicht darauf, woher es kommt. Auf der anderen Seite, können Menschen sich weigern, ihre neuen Lebenskonzepte anzunehmen, nur aufgrund ihres generellen Unglaubens oder weil ihr religiöser Glaube ihre Sicht einschränkt. Sie tendieren dazu, zu sagen: „*Das ist nichts für mich*" und halten neue Konzepte davon ab, ihr Leben in positiver Weise zu beeinflussen. Daher hoffe ich, dass Du nicht von irgendeiner Form von

Skeptizismus dabei gebremst wirst, Dich der Entwicklung Deines Selbsts zu widmen.

Zunächst ist es wichtig, dass Du wirklich an Dich glaubst und Dir vertraust. Du hast die Macht, unschöne Situationen hinter Dir zu lassen, indem Du Dich auf Deine eigenen Träume und auf das Leben konzentrierst, das Du Dir wünschst, was in diesem Moment beginnt.

Wache jeden Morgen mit einem erfreulichen, erquicklichen Gefühl der Erwartung auf! Was Du jetzt als schmerzhaft wahrnimmst, kann in Wirklichkeit eine Veränderung zum Besseren bergen. Lass mich Dir folgende Anekdote erzählen (wovon ich Hunderte erlebt habe). Nachdem ich sieben Monate lang vergeblich nach einem neuen Zuhause gesucht hatte, war ich endlich soweit, einen Mietvertrag für eine schön gelegene, nette Wohnung am Rand eines Parks zu unterschreiben. Abgesehen davon, dass sie kleiner war als gewünscht, sah sie perfekt aus. Dann, eine Sekunde, bevor er den Vertrag unterschreiben wollte und er noch den Stift in der Hand hielt, entschied sich der Besitzer um, und wollte die Wohnung für sich als städtisches Wochenenddomizil nutzen. Überraschenderweise (und die meisten richtig schlimmen und richtig guten Dinge passieren überraschend) war ich nicht deprimiert, sondern spürte eine Art Ruhe im Herzen, als ich nach Hause fuhr. Sie sagte mir: „*Bald wirst Du eine bessere Wohnung finden, ein größeres Zuhause, für das Du keine Kompromisse eingehen musst. Das ist der einzige Grund, warum Du diese Wohnung nicht bekommen hast.*" Und tatsächlich fand ich eine Woche später die Wohnung meiner Träume, in Innenstadtnähe, mit doppelt so vielen Zimmern wie die erste und einem großen Garten und einem Keller. Es war das ideale Zuhause für mich, meinen damaligen Mann, meine Hunde und die Kinder, die wir geplant hatten! Außerdem, lag der Preis (wiederum) erstaunlicherweise unter dem Durchschnitt auf dem Markt. Natürlich habe ich die Wohnung bekommen, obwohl viele andere Paare sich auch dafür interessiert hatten.

Verliere nie den Kopf in schwierigen Situationen. Vielleicht hast Du das schon tausend Mal gehört, aber es stimmt tatsächlich, dass am Ende des Tunnels immer ein Licht ist! Das wird von den Millionen Menschen bestätigt, die sich auf positive Gedanken konzentrieren und dementsprechende Ergebnisse erzielen. Die Welt gehört denjenigen, die positiv denken und handeln! Manchmal wirst Du weinen oder schreien müssen. Dann tu es – es kann befreiend sein. Aber weine und schreie nie zu lang! Du willst möglicherweise Deine Zeit und Deine Energien für angenehmere und sinnvollere Dinge einsetzen.

ALLES, WAS DU WISSEN UND TUN MUSST, UM DEN SCHEIDUNGSSTRESS ZU VERJAGEN

Ich bin vollständig, perfekt, stark, kräftig, liebevoll, harmonisch und glücklich.

Charles F. Haanel 1866 – 1949
Autor und Mitglied der American Society of Physical Research

Eine Scheidung kann Deine seelische Balance in einer Weise beeinträchtigen, dass eine Reihe von nervösen Störungen auftreten können, von Panikattacken, Depression, Burn-out-Syndrom und psychosomatischen Krankheiten bis zur Überreaktion auf alle anderen Probleme, die auftreten, mit der Folge, dass Du die Kontrolle über Dein Leben oder einen Teil davon verlierst. Alle Vorgänge, die mit einer Scheidung verbunden sind, sind unglaublich energiezehrend. Und das ist eine Tatsache. Daher ist unsere Strategie, Deine Energie zu sparen beziehungsweise sogar zu vervielfachen.

Du verlässt einen schmerzerfüllten Weg und wirst Dich leichter und glücklicher fühlen und Dir Deiner Stärken bewusst sein. Du schaffst Harmonie & Gleichgewicht um GLÜCKLICH TROTZ SCHEIDUNG zu werden!

ZUERST: BERUHIGE DICH!

Das erreichst Du auf verschiedene Weise, und die gute Nachricht ist, dass alle Methoden angenehm sind. Wenn Du dann lange Schriftwechsel hinter Dir hast und zahlreiche Termine und Telefonate mit Rechtsanwälten, öffentlichen Stellen und so weiter und so fort gehabt hast, weise diesen Telefonaten und Terminen eine bestimmte Zeit und Raum in Deinem Gedächtnis und in Deinem Kalender zu. Ich habe mir meine Korrespondenz mit meinem Anwalt nur dann angeschaut, wenn ich ruhig genug war, sie zu lesen, aber ich habe sie auch früh genug aufgemacht, dass sie mir nicht im Kopf herumspukte. Schiebe nichts auf. Arbeite daran, Deine Probleme zu lösen, sobald sie auftreten, sonst fangen sie an, sich zu stapeln und sind noch angsteinflößender, sie wirken dann mehr oder weniger wie eine *schwarze, klebrige Masse Teer.* Das bedeutet wiederum auch nicht, dass Du nicht immer in der Lage sein wirst, sie in heiliger Muße abzuarbeiten. Sich scheiden zu lassen kann ein schwieriger, nervenaufreibender Prozesse sein, insbesondere, wenn Du mit einem Hai verheiratet bist.

NACHTRÄGLICHE SELBSTENTWICKLUNG: GLÜCK UND KONTROLLE

Außerdem ist es auch normal, überzureagieren. Du bist kein Guru, und von Dir wird auch nicht erwartet, dass Du zu einem wirst. Die meisten Coaches raten einem, die eigenen Reaktionen unter Kontrolle zu halten und in extremen Situationen Haltung zu bewahren. Schön wäre es! Viele Mentoren behaupten, dass wenn man sein Temperament nicht kontrolliert, das Temperament umgekehrt einen kontrollieren wird. Das stimmt! Das finde ich auch. Aber ich glaube außerdem auch, dass Selbstentwicklung (*Self-Development*) ein nachgeordnetes Ziel sein muss, das jeder erreichen kann – heißblütige Latinos ebenso wie kühle nordische Menschen, sozusagen. Nicht durch das Zurückhalten Deiner Wut, sondern durch das Verstärken Deines inneren Friedens, bist Du mit der Zeit in der Lage, schlechte oder heftige Gefühle zu kontrollieren. Selbstentwicklung muss nachhaltig sein, sonst bleibt sie nur Theorie, um Bücher zu verkaufen und Menschen dazu zu bringen, sich in den ewigwährenden Gegensatz von Menschlichkeit und Perfektion zu stürzen. Beginnst Du, Buddhas Affirmationen zu lesen, weil Du Dir davon versprichst, innerhalb eines Wochenendes gegenüber allen negativen Gefühlen, die im Duden stehen, immun zu werden, könntest Du desillusioniert werden und denken, Du wirst niemals eine höhere Bewusstseinsebene erreichen. Genau das ist das Problem – die meisten unserer Reaktionen haben ihren Ursprung in unserem Unterbewussten, aber Du bist in der Lage, zu ihm zu sprechen und es, wie wir gesehen haben, positiv zu beeinflussen, indem Du hauptsächlich die Sprache der Gefühle nutzt. Wut einzudämmen ist gut, und Du kannst das auf verschiedene Weise und häufiger erreichen (allerdings auch nicht immer). Aber dafür zu sorgen, dass Du Dein Temperament zügelst, ist der Schlüssel für erfolgreiche, 100-prozentige Kontrolle! Dies erreicht man durch ein glückliches unbeschwertes Unterbewusstsein. Inneres Glück oder innere Balance ist der wichtigste Eckpfeiler der Selbstverbesserung. Freude unterstützt Enthusiasmus und ermöglicht Kreativität und Initiative. Freude macht Dich zu einem besseren Menschen in Deinem Privatleben, in der Familie und bei der Arbeit. Das Glücksgefühl sorgt dafür, dass Du gesund bleibst und Deinen Plänen folgst. Du musst das Glück so kultivieren, als sei es die wertvollste Blume in Deinem Garten.

Kontrolle über Deinen Geist durch Freude wird auch sicherstellen, dass Deine Empathie nicht darunter leidet, dass Du nach innerer Heilung strebst; einige Menschen übertreiben es und fangen an, in einem Paralleluniversum zu leben. Glück hat die Besonderheit, dass es mit anderen geteilt werden will, sodass alle in Deiner Familie daraus einen Nutzen ziehen, genauso wie Kollegen, Nachbarn, Freunde und alle, die zu Dir Kontakt haben. Du wirst stärker dazu neigen, zu lieben, Sozialkontakte zu suchen, Risiken einzugehen. Du wirst Glück ausstrahlen, überall Licht verbreiten. Die Macht Deiner Worte wird dank Deines neuen Charismas verstärkt. In diesem Status der Erleuchtung, wirst Du vom Leben kaum enttäuscht werden. Und wenn das doch passieren sollte, wirst Du in der Lage sein, wieder aufzustehen, um in er nächsten Runde gut zu kämpfen.

MIT ENTTÄUSCHUNG UMGEHEN

Zurück zur nachträglichen Selbstentwicklung, die Dein Wesen respektiert und von jedem umgesetzt werden kann; wenn Du Dampf ablassen musst, manchmal ein paar schlimme Worte herausbrüllen musst, tu es! Ist Dir zum Weinen zumute? Weine! Wenn Du negative Energien loswerden musst, dann explodiere (vorausgesetzt, dass niemand in der Nähe ist). Aber dann höre auch auf und wende Deine Gedanken wieder der nächsten angenehmen Sache zu, die Du tun möchtest. Liefere Dich nicht heillos dem Schmerz aus. Lass Dich nicht unter einem schwarzen Vorhang begraben. Lass Dich von niemandem und nichts unterkriegen – nicht von denjenigen, die Dich geliebt haben und Dich jetzt leiden lassen.

Lass Dich nicht von Deinen Problemen unterkriegen. Das sind Probleme, und zu jedem Problem gibt es eine Lösung oder sogar mehr als eine. Wenn Du Angst hast und panisch wirst, setze sofort Deine Visualisierungsübung mit dem rotierenden Rauchball ein und sieh zu, dass Du Dich mit etwas Schönem beschäftigst, bis es wieder vorbei ist. Im zweiten Teil dieses Buchs gebe ich Dir noch weiter reichende Hinweise, wie Du Deine Gedanken noch besser beeinflussen kannst, damit Du Dich nicht mehr so hilflos fühlst, wenn Du enttäuscht wirst.

Viele Menschen haben einen langen Arbeitsweg, sie rennen von Termin zu Termin, meistern ihre Arbeit hocheffizient, kümmern sich um ihre Kinder und haben ein tolles Sozialleben. Während einer Scheidung brauchst Du noch mehr mentale und physische Kraft, um mit Deinen Terminen mithalten zu können (mit Deinen eigenen und denen Deiner Kinder, Kollegen, und vielleicht auch bezogen auf das Haus, den Garten, die Haustiere) und um immer noch fit zu sein, um Duelle mit Deinem oder Deiner Ex durchzustehen (ich bin froh, wenn Dein Ex kein Dummkopf ist!). Für viele dieser erfolgreichen

Menschen ist eine Scheidung ein Albtraum, und die Grenze zwischen *ich schaffe das* und *ich kann einfach nicht mehr* ist täglich Thema. Die Ziele, die Du Dir im vorigen Kapitel gesetzt und in Deinem Motivationsposter oder Papier skizziert hast, sind ein wichtiges Instrument, um Deine Aufmerksamkeit auf den innersten Kern Deines Lebens zu fokussieren. Wenn Du Dir die Zeit nimmst, sie Dir jeden Morgen anzuschauen, erinnerst Du Dich an Deine Prioritäten und erfrischt Deine Seele. Im Vergleich zu Deiner Scheidung werden sie wie Gold glänzen, insbesondere sobald Du feststellst, dass Du gut vorankommst. Natürlich wirst Du langsamer und Deinen Stress minimieren, sobald das Bild Deiner Scheidung im Lichte Deiner Erfolge verblasst. Ich bin sicher, dass nichts erfreulicher ist und Dich nichts selbstbewusster macht, als die Ergebnisse, die Dich erwarten. Du bekommst von Deinem Unterbewusstsein große Resonanz: Du bist glücklich und dankbar, eine perfekte Kombination, die solch positive Schwingungen hervorbringt, dass Du sogar noch mehr Positives anziehst. Wenn Du beginnst, Positivität zu erhalten, werden Deine Bemühungen minimal sein, um den virtuellen Kreislauf am Laufen zu halten.

DEINE BRANDNEUE HD-WELT

Sobald Du sicher weißt, dass Dein Leben eine positive Wendung genommen hat und Du jetzt über die Mittel verfügst, wortwörtlich Dein Leben zu *gestalten,* wirst Du beginnen, die Welt in HD, in *high definition,* also viel schärfer, zu sehen. Deine Aufmerksamkeit, Wahrnehmung und Dein Bewusstsein darüber, was um Dich herum passiert, davon, welche Mechanismen hinter den Gedanken von Menschen stecken, wie sie reagieren und sogar alltägliche Kleinigkeiten, die Dir vorher nie aufgefallen waren (wie der wunderbare blonde Brötchenverkäufer um die Ecke, die weißen Lilien im kleinen Gartenteich Deiner Nachbarin oder die gelbe Krawatte Deines Postboten, die er von Michael Jackson gekauft hat) ist erhöht. Du erfreust Dich daran, wie das Licht Deinen Tisch bei der Arbeit umschmeichelt. Das Gesicht Deiner Abteilungsleiterin wirkt heute gar nicht so grimmig – Du hast sie sogar dabei ertappt, dass sie lächelte. Deine Nachbarn haben Dir angeboten, auf Deine Kinder aufzupassen, während Du mit Deinem besten Freund oder Deiner neuen Bekanntschaft ins Theater gehst. Weißt Du, je mehr Liebe Du verbreitest – Dingen, Pflanzen, Tieren, Menschen oder wem auch immer gegenüber – desto mehr bekommst Du zurück.

> *Die Liebe bringt magische Ergebnisse hervor; es ist ein großartiges neues gutes Gefühl, das Du zu Deinem virtuellen Kreislauf hinzufügen solltest!*

BOOMERANG-EFFEKT

Ich schenke meinen Pflanzen und Haustieren Liebe, und wie es aussieht, habe ich dafür ein Händchen. Sie werden geliebt, und sie leben und pflanzen sich in meinem Haus fort, als sei es ihre natürliche Umgebung. Ich streichele sie und danke ihnen, dass sie mich mit ihrer Schönheit beschenken und mich und mein Zuhause so erfreulich harmonisch und gemütlich machen. Ich danke meinen Haustieren, dass sie immer an meiner Seite sind (ausgenommen die Fische, die bleiben in ihrem Aquarium) und mir Friede, Liebe und Freude geben. Ich bin Vertrauensvoll, offen und sozial. Ich kann immer einen Schritt zurückmachen, wenn diejenige Person, mit der ich es zu tun habe, mich ungerecht behandelt oder mich verletzt. Diese positive, liebevolle Haltung gegenüber Lebewesen verschafft mir eine enorme Ruhe. Ich fühle Übereinstimmung mit meinen Prinzipien Offenheit und Respekt, und daher bin ich so mit mir selbst im Reinen, sodass ich abends nie Probleme habe, einzuschlafen. Ich brauche mir keine Vorwürfe zu machen und daher gehe ich ohne Sorgen ins Bett. Gut zu schlafen ist wesentlich, wie wir in den nächsten Abschnitten sehen werden, insbesondere, wenn Du mit großem Stress im Zusammenhang mit der Scheidung fertigwerden musst.

Liebe hat tausend Formen und Empfänger:

- Wenn Du Liebe schenkst, bist Du auch empfänglicher für Liebe.

- Deine Wahrnehmung ist in positiver Weise geschärft.

- Du bemerkst Dinge, Details, Phänomene, Menschen, Qualitäten, Lebewesen etc., die Dir nie zuvor aufgefallen sind.

- Diese Dinge bereichern Dich mit ihrer Präsenz und Existenz, und indem sie das tun, geben sie Dir Liebe zurück – der Bumerang-Effekt.

Wenn wir lieben, wird Serotonin ausgeschüttet, das gemeinhin auch *Glückshormon* genannt wird. Und während wir in romantischer Weise über Liebe und ihre positiven Effekte auf unser soziales Leben spekulieren, verwandelt ein biologischer Prozess unseren Körper in einen spirituellen Garten Eden.

Zu all den *Empfängern* Deiner Liebe gehörst Du unbedingt an erster Stelle dazu. Nimm Dir Zeit, Dich ganz den Dingen, die Du gern tust oder mit denen Du Dich gern beschäftigst, zu widmen. Wahrscheinlich finden sie auch ihren Platz auf dem Motivationsposter, wenn sie im Moment noch nicht zu Deinem Leben dazugehören. Verwöhne Dich bis hin zum Punkt, ein wenig egoistisch zu werden. Mache Schluss damit, ständig erreichbar zu sein und mache in Deinem Tagesplan Platz für eine Oase der Ruhe und des Vergnügens *nur für Dich*.

Wiederhole so oft Du kannst die folgende Affirmation von Charles F. Haanel:

> *"Ich bin vollständig, perfekt, stark, kraftvoll, liebevoll, harmonisch und glücklich."*

Das heißt nicht, dass Du nicht auch in der Zukunft Fehler machen wirst. Scheitern gehört zum Menschsein dazu. Aber wir sind auch so perfekt gemacht, dass wir wieder und wieder und wieder aufstehen können, und jedes Mal sind wir stärker als zuvor. Das ist Deine Perfektion, und nichts und niemand kann sie Dir wegnehmen!

28 GOLDENE REGELN, UM DEN STRESS ZU BEWÄLTIGEN

1.

Halte Dich von negativen Quellen fern. Vermeide Filme, Nachrichten im Fernsehen, Zeitungen, die über Verbrechen, weltweite Probleme, Kriege etc. berichten oder grausame Bilder der Gewalt zeigen. Im Moment hast Du genug eigene Probleme.

2.

Mache Urlaub von lästigen, negativen, depressiven Freunden, Familienmitgliedern und Kollegen – das heißt von Leuten, die zu nichts anderem in der Lage sind, als die ganze Welt zu kritisieren, die jammern, dass nichts funktioniere, ihre Partner seien die schlimmsten und die einfach keine Entscheidung treffen können, ohne Dich vorher zu fragen. Du glaubst, Du seist das Zentrum des Universums, aber eigentlich nutzen sie Dich nur aus. Sie rufen Dich mitten in der Nacht an, weil ihre Heizung kaputt ist, und sie schaffen es nicht, die logische Schlussfolgerung zu ziehen, dass sie nur mit ein oder zwei weiteren Decken warm bis zum nächsten Tag schlafen könnten, um dann den Monteur zu rufen. Sie nehmen auf Dein Bedürfnis nach Unterstützung und Ruhe in dieser schwierigen Zeit keine Rücksicht. Sie tun einfach weiter so, als sei nichts, und platzieren sich selbst in das Zentrum *Deiner Welt*. Sag ihnen, dass Du wenig Zeit hast, und dass Du ihnen nicht zuhören kannst. Sie haben schon die ganze Zeit Deine Energie verbraucht, und da Du jetzt nur über wenig Energie verfügst und selbst Unterstützung brauchst und verwöhnt werden solltest, sollst Du immer noch die Rolle der oder des Stärkeren spielen. Dies sind negativ geladene Beziehungen, in denen Du immer die Rechnung zahlst. Sie verbrauchen Deine positiven Energien und dafür bekommst Du absolut nichts zurück. Sie infizieren Dich mit schlechter Laune und laugen Dich vollkommen aus. Lerne, diese Art von *energiesaugenden* Menschen zu erkennen und vermeide den Kontakt zu ihnen. Du bist weder Mutter Theresa noch ein Held der Sozialarbeit – dieses Mal nicht. Außerdem sind sie nicht einmal im Geringsten Dankbar für Deine Bemühungen in diese Richtung. Sie sind furchtbar egoistisch und werden schließlich sehr negativ auf Deinen Mangel an Aufmerksamkeit reagieren; aber genau das willst Du erreichen – **Distanz!** Habe deswegen bitten kein schlechtes Gewissen. Schon bald werden sie einen Ersatz für Dich gefunden haben, und werden ihren Müll in das Leben eines anderen Menschen werfen, weil sie davon abhängig sind.

3.

Überstunden? Nein Danke! Übernimm keine Mehrarbeit, die Du nicht auch wirklich bewältigen kannst. Zeit und Energie müssen effektiv in Deiner öffentlichen und privaten Sphäre aufgeteilt werden. Wenn Du Angst hast, Deinen Job zu verlieren, weil Du Deinem Chef keine Überstunden mehr garantieren kannst, dann solltest Du vielleicht noch einmal genau überlegen, welche Sorte Job Du machen möchtest. Vielleicht ist ein Beruf, der Dein Privatleben nicht gefährdet. Dieses Problem sollte nicht erst auftreten, sobald Du einen neuen Partner kennengelernt hast. Es gibt unauffällige Wege, sich nach einem neuen Job umzuschauen, während man den alten weitermacht. Wenn Du mit ihm noch zufrieden bist, kein Problem. Du wirst in der Lage sein, die Dinge am Arbeitsplatz so zu arrangieren, dass sie Dich nicht überfordern. Du wirst diesbezüglich Deinen Willen und Deine Gedanken in positiver Weise einsetzen.

4.

Sperre kontinuierliche Geräusche aus – Bohrer, Verkehrslärm etc. Wenn Du sie nicht aussperren kannst, indem Du die Fenster schließt, oder sie zu Deinem Arbeitsplatz gehören, benutze vielleicht Ohrstöpsel, um Deine Nerven zu schonen.

5.

Erinnerungen sind wie Treibsand. Unter Erinnerungen verstehe ich auch dieses eine Lied, das Dich an die Zeiten erinnert, in denen Du noch mit Deiner oder Deinem Ex glücklich warst; Dinge, Kleidung, Parfum, Musik – alles kann Dich in Dein altes Leben mit ihr oder ihm zurückwerfen, als alles noch so toll und perfekt war. Jetzt ist es aber an der Zeit, für jetzt oder in Zukunft, Raum für Deine neue Liebe zu schaffen, denn er/sie wird nicht wild darauf sein, mit Erinnerungsstücken aus Deiner vergangenen Beziehung konfrontiert zu werden. Außerdem: Je länger Du an Deinem oder Deiner Ex hängst, desto schwerer wird es werden, ein Glücksgefühl zu empfinden und zu lieben. Ich rate Dir wärmstens, alles zu entfernen, das Dich an Deinen Ex-Partner erinnert – damit wirst Du Dir einen großen Gefallen tun.

6.

Gib Tabak, Alkohol und Drogen auf oder reduziere den Konsum drastisch. Sie tun Dir nicht gut, und sie schwächen Dein Gehirn derart, dass Du nicht einmal 10% Deines Lebens unter Kontrolle hast. Nun hast Du die Gelegenheit, Dir selbst und all denjenigen, die nur darauf warten, dass Du untergehst, Deinen Selbstrespekt zu beweisen.

Widrige und komplizierte Situationen lösen in Menschen Vulkanausbruchartige Reaktionen aus, Paradox-Effekt, so wie bei einer

Grippe-infektion das Immunsystem beginnt, Bakterien und Viren zu bekämpfen. Dieser Mechanismus ist vergleichbar, nur findet er in Deinem Unterbewusstsein statt. Dir steht pure Energie zur Verfügung, um sie gegen alles Negative und im Sinne von neuen gesunden Gewohnheiten einzusetzen. Es gibt viele Möglichkeiten, schlechte Gewohnheiten abzulegen, aber keine wird funktionieren, wenn Du nicht voll und ganz dahinter stehst. Noch einmal: Es gibt keinen besseren Zeitpunkt, als jetzt von Deiner Sucht loszukommen. In den entsprechenden Foren kannst Du Hilfe bekommen: in Selbsthilfe-Communities im Internet, in Selbsthilfegruppen, Gesundheitszentren etc.

7.

Vermeide alles, was Dir Unbehagen bereitet. Häufig hast Du Recht, wenn Du eine Situation aus dem Bauch heraus beurteilst. Zu lange etwas zu überlegen kann häufig von Nachteil sein. Wenn ich an all die Situationen zurückdenke, in denen ich falsche Entscheidungen getroffen habe, schienen sie nach langer Überlegung das Richtige zu sein. Als ich mich mit meinem Exmann verlobte, spürte ich, dass es keine so gute Idee war, und ließ mir Zeit mit der Entscheidung (1 Monat!), doch eher rationale Überlegungen ließen mich vom rechten Weg abkommen.

8.

Sag Nein und stehe dazu! Menschen – von Deinem Chef bis zu Deinen Kindern – lassen manchmal nicht locker, bis sie etwas von Dir bekommen, koste es, was es wolle (und es sind Deine Kosten!). Sie setzen Dich direkt oder mittels 1A-Erpressungsversuchen unter Druck, damit Du am Ende Ja sagst. Das ist nun vorbei. Nein heißt Nein, und es gibt keine weiteren *Verhandlungen*. Deine Kinder haben mehr von einer durchsetzungsfähigen, glücklicheren und energiegeladenen Mutter (oder Vater), was besser ist als eine nachgiebige und ausgebrannte. Sag demjenigen, der versucht, über das Maß des Erträglichen hinaus Deine Meinung zu beeinflussen, NEIN.

9.

Geh raus und amüsiere Dich. Wenn Du gern tanzen gehst, oder Kulturevents besuchst, oder angelst oder was auch immer, mach es! Wenn Du Kinder hast, sorge dafür, dass Deine oder Dein Ex auf sie aufpasst oder rufe einen Babysitter an.

10.

Nichts ist inspirierender oder beruhigender als die Natur. Der Anblick der Natur hat denselben Effekt wie der Anblick eines Babys – er berührt in positiver Weise Dein Herz. Alles, was damit zu tun hat – von einem Spaziergang im Park bis zum Kauf neuer Pflanzen für Deine Wohnung/Balkon/Garten – hilft Dir, mehr im Einklang mit dem Universum zu sein. Du kannst außerdem eine Pflanze an Deinem Arbeitsplatz aufstellen, oder ans Wasser fahren (was ebenfalls einen sehr beruhigenden Effekt hat). Sollte es Dir hingegen nicht möglich sein, regelmäßig ans Wasser – sei es das Meer, ein See oder ein Fluss – zu kommen, stelle in Deinem Zuhause oder am Arbeitsplatz ein Aquarium oder einen Zen-Brunnen auf. Hast Du keine Ahnung, wie man ein Aquarium pflegt, und willst es auch nicht lernen, ist ein Zen-Brunnen die bessere Wahl, denn Du willst nicht, dass tropische Fische zum Wohle Deiner Seelenruhe leiden oder sterben.

11.

DARSTELLENDE KÜNSTE: Mache Musik oder spiele ein Instrument. Wenn Du es noch nicht kannst, willst Du es vielleicht erlernen. Während Du ein Instrument spielst, teilst Du Deine Gefühle über die Musik mit – gleichgültig, wie gut Du spielst. Das ist sehr befreiend, weil Du innerhalb von wenigen Minuten viel negative Spannung loswerden kannst. Musiker können nicht ohne ihr Instrument leben, daher reisen sie immer mit ihren Instrumenten (auch privat); sie sind quasi vom therapeutischen Effekt der Musik abhängig. Die Musik bahnt sich nicht nur den Weg durch Deine Ohren, sondern auch durch Deine Knochen und Deine Zellen, die durch die Wellen in Schwingungen versetzt werden, was erstaunliche Effekte auf die Seele hat. Daher ist es ratsam, während der Scheidung wenige oder keine melancholischen Stücke zu spielen, sondern lieber beruhigende, energiespendende und inspirierende Musik zu hören, die Dir gefällt. Natürliche Klänge sind auch sehr gut, insbesondere zum Meditieren. Tanzen und Malen sind ebenfalls befreiend, sowie Gedichte oder anderes zu schreiben. Alle Aktivitäten, die die Kreativität ansprechen, die Deine Emotionen nach außen darstellen, sind hervorragend geeignet, Deine Frustration (falls vorhanden) zu erleichtern und den Stress der Scheidung zu mindern. Kunst ist Freiheit, und Du kannst alles mit Deinem Instrument anstellen, es mit Deinen Füßen, mit Deinem Stift oder mit einer Leinwand spielen. Denke beispielsweise daran, wie glücklich und ruhig Kinder sind, die ins Bildermalen versunken sind. Du kannst die Sonne blau malen oder Pflanzen zeichnen, die es nicht gibt. Vergiss jedoch nicht, einen gewissen Sinn für die Realität zu behalten; wenn sich Deine Rechnungen stapeln und Du Dein Geld nicht als Künstler/Tänzer/Poet oder Maler verdienst, heißt das vielleicht, dass Du Deinen beruflichen Aufgaben mehr Aufmerksamkeit widmen solltest.

12.

Bemühe Dich um einen regelmäßigen Schlafrhythmus. Abhängig von Deinem Alter brauchst Du zwischen fünf und acht Stunden Schlaf am Tag. Es gibt außerdem wissenschaftliche Belege dafür, dass ein zwanzigminütiger Mittagsschlaf sowohl Deinen Körper als auch Deinen Geist erfrischen kann. Ein zu langes Nickerchen tagsüber kann im Gegenteil Deine Leistungsfähigkeit beeinträchtigen. Idealerweise solltest Du in der Nacht regelmäßig und ausreichend schlafen, in einem ruhigen und dunklen Zimmer, sodass Du tagsüber keinen Mittagsschlaf brauchst. Schlafmangel reduziert all Deine Wahrnehmungs- und sonstigen Fähigkeiten dramatisch. Das führt zu dem Versuch, den Mangel zu kompensieren und kreiert weiteren Stress. In dieser Zeit darfst Du wirklich keine Einbußen an Schlaf hinnehmen, um angemessen auf Widrigkeiten (falls nötig) reagieren zu können. Es ist Disziplin nötig, damit Du trotzdem das Leben – auch das Nachtleben – genießen kannst, ohne dafür einen zu hohen Preis zu zahlen.

13.

Nimm Dir Zeit und lerne, Deine Aktivitäten zu planen. Pflege regelmäßig Deinen Kalender für Deine Familie und private Termine, rechne genügend Zeit für vor und nach jeder Verabredung ein. Zwischen den Terminen solltest Du nicht wie der Marathon Man rennen.

14.

Wenn Du Kinder hast, unternimm regelmäßig etwas, was Euch ALLEN Spaß macht. Perfekte Eltern tendieren dazu, ihre Interessen und Hobbys auf ein Minimum einzuschränken, um den Bedürfnissen und Wünschen der Kinder gerecht zu werden. Das ist mir auch passiert. Dann stellte ich fest, dass ich beides machen konnte! Zum Beispiel Kino: Ich ging mit meinem Kind nur in Kinderfilme. Mittlerweile gucke ich mit meiner Tochter manchmal auch *normale* Filme, die (selbstverständlich!) ihrem Alter angemessen sind, die ihr Spaß machen. Dasselbe mache ich mit Theater und klassischen Konzerten. Ich suche nach Veranstaltungen am Nachmittag, zu denen ich meine Tochter mitnehmen kann. Sie wird inspiriert und kann so neue Vorlieben oder Abneigungen entdecken, und ich kann gleichzeitig meinem Hobby frönen und Zeit mit meiner Tochter verbringen. Unternimm mindestens zwei Mal in der Woche etwas, was Deinen Kindern angemessen ist, und was DU sehr gern magst.

15.

Reduziere Deine Aufgaben im Haushalt. In fast jedem Haus gibt es elektrische Geräte – z. B. Waschmaschine, Wäschetrockner, Geschirrspüler oder Mikrowelle. Sie helfen im Haushalt, mit der Geschwindigkeit der modernen Zeit mitzuhalten. Aber jetzt gibt es sogar noch mehr intelligente Elektrogeräte, die die Zeit, die wir auf schwere Arbeit im Haushalt verwenden, noch weiter verringern. Und ich habe eine wirklich große Zeitersparnis feststellen können, weil ich mich nicht nur auf die grundlegenden Geräte verlasse, sondern mir noch weitere Geräte angeschafft habe. Ein intelligenter Wäschetrockner spart mir die Zeit zu bügeln, weil er jede Art von Textilien und Kleidung, wie Decken-, Kissenbezüge etc. trocknet; eine intelligente Kaffeemaschine erlaubt es mir, einfach einen Knopf zu drücken, um die verschiedensten Kaffees (von Cappuccino über Espresso bis hin zum Latte Macchiato etc.) zuzubereiten, und last, but not least, habe ich eine große neue Liebe! Ich rate Dir dringend, ihn zu kaufen, auch wenn Du ihn in Raten bezahlen musst: ein Staubsauger-Roboter. Es gibt viele verschiedene Marken, manchmal ist es schwer, den Überblick zu bekommen. Mein lieber Saugroboter (er ruft tatsächlich in mir zärtliche Gefühle hervor, so gut und effektiv ist er!) ist wirklich intelligent: Er saugt effektiv, mit System, indem er den Bogen abtastet, kommt in jede Ecke, geht unter die Sofas, reinigt die Teppiche, warnt vor Hindernissen (er kann sprechen!), und sobald die Batterie leer zu werden droht, schließt er sich automatisch an seine Ladestation an und arbeitet dort weiter, wo er aufgehört hat. Einfach fantastisch! Er macht genau das, was man von einem Roboter erwartet: Er ist in der Lage, seine Aufgaben vollkommen selbstständig zu erfüllen.

Ich koche gern, daher verlasse ich mich auf eine Reihe von Hilfen in der Küche. Das ist kein Muss, aber wenn es in Deinem Haushalt eine Waschmaschine, einen Wäschetrockner, Mikrowelle, Geschirrspüler und Saugroboter gibt, dann kannst Du Deine Zeit kreativer und effektiver nutzen als zu putzen. Am Ende wirst Du auch noch entspannter sein und entspannter aussehen. Der Haushalt hat einen nie jünger aussehen lassen!

16.

Nahrungsergänzungsmittel wie Magnesium und Vitamin B können Deinem Nervensystem helfen, sich besser von dem extremen Stress zu erholen oder besser mit ihm umzugehen. Auch unter den besten Umständen und Bedingungen bringt eine Scheidung immer eine große Anzahl an Sorgen, Lasten und Pflichten mit sich. Leidest Du nicht unter Alkoholismus und/oder einer anderen Sucht, und nimmst Du regelmäßig angemessene Mahlzeiten ein (das heißt, die alle wichtigen Nährstoffe enthalten ohne übermäßig Fett und Zucker), sollten Dein Körper und Dein Gehirn in einem Zustand sein, normal zu funktionieren, ohne dass Du zu Nahrungs-ergänzungsmitteln greifst. Du kannst, bevor Du abends ins Bett gehst, Kamillentee trinken, wenn Dein Tag besonders anstrengend gewesen ist. Ich bin extrem gegen diätetische Ergänzungsmittel, wenn sie nicht unbedingt nötig sind, insbesondere, wenn sie in riesigen Mengen genommen

werden. Der Körper muss sich extra anstrengen, um sie aufzunehmen, und wenn die Dosis zu hoch ist, kann eine Vergiftung die Folge
sein. Außerdem, wirkt sich Nervosität stark auf das Verdauungssystem aus, was häufig in Sodbrennen, Magenkrämpfen oder Ausschei-
dungsproblemen resultiert. Eine einfache und effektive Lösung stellen probiotische Kapseln dar, die die Darmflora stärken. Sie sind
leicht einzunehmen (besonders, wenn Du zum Beispiel Joghurt nicht
magst) und haben keine Nebenwirkungen. Ich nehme regelmäßig täglich zwei Kapseln mit einer sehr komplexen Zusammensetzung ein,
das ist nicht wirklich billig, aber sehr effektiv. Vielleicht dauert es bis
zu zwei Wochen, bis sich eine Besserung einstellt; das basiert darauf,
dass diese Bakterien sanft die Darmwände reparieren, die negative
Flora bekämpfen, die sich in dem Verdauungstrakt angesiedelt hat,
und die Beschaffenheit des Stuhls normalisieren, während sie das Ab-
führen erleichtern. Es ist sehr wichtig, das Verdauungssystem gesund
und funktionsfähig zu halten. Der größte Teil Deines Immunsystems
befindet sich im Darm. Du kannst vermeiden, dass eine Menge
schwerer Störungen und Krankheiten Deine angeschlagenen Nerven
weiterbelasten, indem Du einfach für eine gute Verdauung sorgst.

17.

Verjüngungs- und Antis-Stress-Hormone, wie Testosteron
etc., sind in keinem Fall eine Lösung; häufig werden sie verschrieben,
ohne dass überprüft wird, ob du sie wirklich brauchst (dafür gibt es
im Prinzip keine Richtwerte, weder pro Person oder nach Geschlecht
noch Alter, da jede und jeder sein persönliches Niveau braucht um
gesund zu sein). In den 1990er-Jahren hatten Hormontherapien ihre
beste Zeit. Danach bremsten Pharmaunternehmen und Ärzte, die mit
diesem Konzept hervorragend Geld verdient hatten, die Verschrei-
bung, nachdem es durch Missbrauch und Überdosierung verhängnis-
volle Vorfälle gegeben hatte. Jahrzehntelang beschäftigte die Frage

„Warum leben Männer durchschnittlich fünf Jahre weniger als Frauen?" die Wissenschaftler. Die Antwort erscheint heute als eine der sensationellsten Ergebnisse der Medizin. Es wurde festgestellt, dass das Testosteron der Faktor ist, der die geringere Lebenserwartung von Männern erklärt. Folglich sind Hormone wirklich die schlimmsten Wirkstoffe, die man sich vorstellen kann, wenn man mehr Kraft, Jugend oder Ausgeglichenheit im Leben anstrebt. Einige Tassen Kaffee pro Tag reichen aus, um wach zu bleiben, und Vitamine finden sich immer in Obst und Gemüse.

<u>18.</u>

Visualisierung und Selbst-Hypnose sind ein ernstzunehmender Weg, um zur Ruhe zu kommen, und Deine natürlichen Ressourcen (die unbegrenzt sind, glaube mir!) nutzen zu können. Es gibt auf dem Markt viele Produkte, die Spaß machen und Dir Rezeptgebühren sparen. Apps für Mobilgeräte und Tablets sind beispielsweise tragbar und leicht zu nutzen, vorausgesetzt, Du praktizierst Visualisierungen oder Hypnose nicht, während Du Auto fährst oder Maschinen bedienst. Wenn Du sie einsetzt, bevor Du ins Bett gehst, können sie Deinen Schlaf und die nächtliche Tätigkeit Deines Unterbewusstseins sehr positiv beeinflussen. Du kannst so viele Produkte (CDs, Apps, Bücher) kaufen, wie Du willst, aber denke daran, dass es nicht ratsam ist, den Geist jeden Tag mit neuen Anleitungen zu überfordern. Hypnose und Visualisierungen brauchen Zeit, um zu funktionieren. Daher ist es besser, ein oder zwei Produkte auszuwählen und regelmäßig anzuwenden. Wenn Du jedes Mal eine andere Übung durchführst, könnte Dein Gehirn wegen der Überforderung durch den *Unterricht* überreagieren und nicht wie erwartet funktionieren.

19.

Es gibt außerdem sehr interessante Wege sich zu entspannen, indem man seine **Gehirnströme** kontrolliert. Während seiner Arbeit sendet das Gehirn verschiedene Ströme oder Wellen aus, die mit Elektroenzephalographie gemessen und in Theta-, Beta-, Alpha-, Delta- und Gamma-Wellen eingeteilt werden können. Jede hat eine bestimmte Frequenz und wiederholt sich in einer bestimmten Abfolge; zum Beispiel treten Delta-Wellen beim Schlafen auf und wiederholen sich 0,5 bis 4 Mal in der Sekunde. Diese Wellen können fast auf Befehl reguliert werden, indem man **Binaural Beats** hört, die es auf dem Markt als MP3s gibt. Es gibt darüber hinaus auch PC-Programme und Apps, mit denen man den Hintergrund und anderes ändern kann, um besser zu kontrollieren, was Du hörst. Das ist nicht Science Fiction, sondern eine weitere Möglichkeit, die ich auch genutzt habe, obwohl sie im Moment als eher unterhaltend gilt als wissenschaftlich. Jedenfalls habe ich einige MP3s und eine App gefunden, die sehr hilfreich waren. Es gibt Programme, die Dein Hirn *aktivieren* und andere, die dafür sorgen sollen, dass es in meditative Wellenlängen arbeitet. Dass sie die Fähigkeit haben, Dein Unterbewusstsein zu erreichen, und Dir astrale Ausflüge zu bescheren, bleibt Spekulation. Ich habe letztere Möglichkeit niemals ausprobiert oder erlebt. Jedenfalls, wenn Du *Binaural Waves* und/oder *Brainwaves/Brain Waves* bei YouTube eingibst, wirst Du eine große Anzahl kostenloser Quellen finden. Dazu brauchst Du Kopfhörer, und mache Dir über Nebenwirkungen keine Sorgen.

20.

Meditation ist die Mutter aller Entspannungs- und Beruhigungstechniken und Methoden, wobei sie nicht nur auf Entspannung begrenzt ist. Das Gute daran ist die Auswahl an verschiedenen Meditationstechniken, die allen Geschmäckern und Bedürfnissen gerecht werden. Blitzmeditation ist zum Beispiel etwas für die Menschen in der Tretmühle: Sie beruhigt den Geist und lädt ihn mit Energie und Konzentration binnen einer Sekunde auf. Diese Ergebnisse kannst Du nicht beim ersten Versuch erwarten. Dies ist eine Disziplin, und als solche braucht sie Zeit, um gemeistert zu werden. Du kannst die Meditation überall durchführen (auf dem Weg zur Arbeit, vor einem wichtigen Termin oder während Du auf der Toilette sitzt, zum Beispiel). Basis dieser Meditation ist die Fähigkeit, die physische Welt die mit ihr verbundenen Probleme ebenfalls *hinter sich zu lassen*. Du öffnest Dich einer Fülle von neuen Wahrnehmungen, die aus Dir selbst heraus oder der Natur und dem Universum kommen. Die Effekte dieser Meditation sind unglaublich hinsichtlich Stressabbau und nervösen Störungen, sowie einem belebenden Gefühl. Für eine glücklich geschiedene Person ist die Meditation ein dringend empfohlenes Mittel, um bei guter geistiger Gesundheit zu bleiben, um mit den meistens unschönen Situationen, die mit einer Scheidung verbunden sind, umzugehen. Hinterher fühlst Du Dich frisch und regeneriert, als hättest Du die ganze Nacht auf Engelsflügeln geschlafen. Jeder kann seinen oder ihren persönlichen Meditationsstil finden. Lies Bücher, kaufe CDs und recherchiere im Internet. Hier können die neuen digitalen Möglichkeiten diejenigen unterstützen, der Disziplin näher zu kommen, die weniger spirituell sind. Es gibt beispielsweise Computerprogramme, die Fingersensoren nutzen, um in virtuelle Welten einzutauchen und mit ihnen mittels mentaler Fokussierung zu interagieren. Du hast diese Welten unter Kontrolle, ebenso Deine Gedanken und Gefühle. Ich habe einige Male mit einem dieser Produkte *gespielt*, bis ich jedes Ereignis dort kontrollieren konnte, was dazu führte, dass ich mir meiner Konzentrationsfähigkeit stärker bewusst war. Danach fand ich es für meine weitere Entwicklung weder länger interessant noch hilfreich oder als Instrument für Meditation geeignet, da Meditation eigentlich über Gedankenspiele weit hinausgeht.

Abgesehen von diesen modernen Spielzeug für Erwachsene sind die traditionellen Herangehensweisen immer für jeden verfügbar und zugänglich – also auch denjenigen, die keine Computer-Freaks sind – um die Kraft der Natur, die in einem steckt, zu wecken.

Darüber hinaus ist es wichtig, dass Du Dich während der Meditation wohl fühlst, denn bei einem Anfänger kann alles Störende die Ergebnisse zunichtemachen. Zu einem späteren Zeitpunkt, wenn Du ein Meister der Meditation geworden bist, kannst Du meditieren, wo immer Du Dich aufhältst. Es gibt einige besonders inspirierende Orte oder Gegebenheiten um zu meditieren. Zu diesen Orten spürst Du eine besondere Beziehung (weil sie vielleicht besonders schön sind, oder weil Du dort beispielsweise zur Ruhe kommst, weil sie in Dir Kindheitserinnerungen wachrufen und Du deshalb dort eine stärkere Kreativität spürst etc.). Sie können sowohl drinnen (ein Zimmer, ein Sofa, eine Ecke bei der Arbeit) oder draußen in der Natur sowie in der Stadt sein.

Als ich noch studierte, meditierte ich am liebsten auf der Tiberinsel in Rom. Nicht nur war dieser Ort per se wunderschön (drum herum großartige alte römische Architektur), sondern sie strotzte vor spiritueller Energie. Ich fühlte mich weit von den Massen in der Stadt entfernt und war in der Lage, mich auf das *Nichts* zu konzentrieren. Ich fühlte mich einfach inspiriert und erfrischt, jedes Mal, wenn ich den Drang hatte zu meditieren, und obwohl der Verkehrslärm drum herum sehr laut war, habe ich ihn nicht wahrgenommen.

Bevor Du Blitz- oder Sofortmeditationen ausprobierst, bzw. die anderen Hunderte von Typen und Stilen, die es gibt (Yoga oder Chakra Meditationen beispielsweise), würde ich Dir raten, mit einer einfachen natürlichen und traditionellen zu beginnen.

Suche Dir einen schönen Ort zum Hinsetzen (im Lotussitz, wenn es Dir nicht zu unbequem ist) und versuche es mit folgender Übung, einfach um anzufangen:

Einfache Meditationsübung

Setze Dich hin und entspanne Dich, halte Dich natürlich entspannt aufrecht, lege die Hände in den Schoß.

Du brauchst das Gewicht Deines Körpers nicht zu spüren.

Atme jetzt langsam und tief ein. Mache die Atemzüge nicht zu lang. Du wirst bemerken, dass sie tiefer und tiefer werden.

Konzentriere Dich auf jeden Atemzug.

Indem Du gleichmäßig und natürlich atmest, entspannst Du Dich mehr und mehr. Konzentriere Dich weiter auf Deinen Atem, solange Du willst.

Stehe dann langsam auf, strecke die Arme und Beine, und kehre zu Deiner normalen Tätigkeit zurück.

Wiederhole das mindestens einmal am Tag; jedes Mal wirst Du etwas Neues erfahren. Du kannst Dir einen Wecker stellen, wenn Du Dir nur wenig Zeit dafür nehmen willst; in diesem Fall ist es ratsam, die Meditation nicht dadurch zu unterbrechen, dass Du die ganze Zeit auf die Uhr schaust. So einfach, wie die Übung ist, kann sie für Deine

allgemeine seelische Gesundheit und die Art, wie Du auf Schwierigkeiten jeglicher Art reagierst, Wunder wirken. Dein Geist braucht Er-
holung, um gut zu funktionieren. Das kann ich nicht häufig genug
betonen.

21.

Flexibilität. Wow, in den letzten Jahrzehnten ist kein Wort auf
allen Gebieten häufiger missbraucht worden. Und tatsächlich umfasst
es die wichtigsten aller Überlebensfunktionen. Nur Lebewesen (Tiere
und Pflanzen) mit einem hohen Grad an Flexibilität, nämlich die
Fähigkeit, schnell auf Veränderungen in der Umwelt zu reagieren und
sich anzupassen, überleben. Das ist eine Tatsache. Die von Kindern
so geliebten Dinosaurier wurden aufgrund ihrer Unfähigkeit, die
große Hitze zu ertragen, ausgelöscht. Andere kleine Tiere überlebten,
weil sie neue Eigenschaften entwickelten. Flexibilität funktioniert
selektiv, indem eine bestimmte Körpergröße nicht groß genug zum
Überleben ist, ebenso wie eine bestimmte Geschwindigkeit zu
langsam ist, um das Überleben zu sichern. Und da jeden Tag Hunderte
von Tieren und Pflanzen von der Erdoberfläche verschwinden und
niemals wiederkehren werden, wollen wir doch nicht, dass Dir das
auch passiert, oder? Und da wir gerade lernen, wie einfache Dinge
oder Prinzipien entscheidend für Deine Position oder Situation sind,
ist der beste Weg mit einer Scheidung umzugehen, flexibel zu denken
und bereit zu sein, alle nötigen Umstellungen vorzunehmen, um
weiter an der Oberfläche zu bleiben – genau wie eine Boje.

22.

Keine Panik! Die Mehrheit dessen, was uns Angst macht, trifft
nie ein. Allerdings bedrohen sie uns so sehr, dass wir wie hypnotisiert
sind. Du bist überfordert von *aktuellen* und *riesigen* Problemen und Du

reagierst mit Panik! In Panik auszubrechen ist gefährlich, denn außer dass Du in dieser Situation hilf- und machtlos bist, führt sie zu Notentscheidungen, wie ich sie nenne, die Deine Zukunft negativ beeinflussen und die nur zu einem immens hohen Preis rückgängig gemacht werden können. Eine sehr effektive Strategie, um zu vermeiden, in Panik zu geraten, ist Dir einfach ein bisschen mehr Zeit zu geben. Wenn Du Dich mit einer Entscheidung nicht ganz wohl fühlst, warte ein wenig ab – einen Tag oder eine Woche – je nachdem, wie wichtig diese Entscheidung ist. Das heißt allerdings nicht, dass Du sie auf ewig verschieben kannst. Die Zeit schafft Tatsachen, und vielleicht ist es einfach nötig, dass Du sie im Sinne Deiner Zukunft und Deiner Ziele einfach machen lässt. Und wenn Du in Panik gerätst, weil Du einsam bist und glaubst, dass Du nie wieder jemanden findest, der Dich lieben wird, dann hast Du Recht! Wenn Du durchdrehst, wird Dich niemand ansprechen, außer vielleicht Menschen, die einfach Deine momentane Schwäche ausnutzen wollen; die Welt ist voller Vampire, die Dir das Blut bis auf den letzten Tropfen aussaugen wollen. Ich meine, bis nichts mehr übrig ist – von Deiner Selbstachtung, Selbstbewusstsein, der Liebe zu anderen Menschen. Du bist nicht verzweifelt! Zu diesem Thema findest du viele ermutigende Tipps in Teil II dieses Buches.

Es gibt keinen Grund, in Panik zu verfallen! Wenn Du die Ratschläge befolgst, die ich Dir gegeben habe und später geben werde, wird fast alles zu Deinen Gunsten laufen und in die richtige Richtung gehen. Und solltest Du sonst immer noch Grund zur Sorge haben, wird es einfach nur ein Problem sein, dass Du lösen musst, kein suizidales Drama. Du wirst Deine Haltung und Deine Ruhe wiedergewinnen. Du kannst alle und jede Schwierigkeit managen, egal wie groß. Du bist anpassungsfähig und flexibel. Für jedes Problem gibt es mehr als eine akzeptable Lösung. Halte an Deinen Träumen fest. Visualisiere sie und behalte sie in Deinem Herzen, Tag und Nacht, und Du wirst alles erreichen, was Du willst.

23.

Die Macht der Farben. Es gibt einige Kleinigkeiten, die unseren Tag ein wenig sonniger machen, und manchmal sind sie offensichtlich so klein und irrelevant, dass wir sie kaum wahrnehmen oder merken, dass sie unsere Welt schöner machen. Eines dieser kleinen aber einflussreichen Details sind die Farben, die wir tragen, oder die uns umgeben (denke zum Beispiel an Heimtextilien). In der Tat verändern sich unsere Vorlieben, was Farben angeht, mit den Jahren und sind auch unseren täglichen Stimmungen unterworfen. Ist Dein Kleiderschrank voller schwarzer Sachen (oder gelber oder karierter oder was auch immer, das ist nur ein Beispiel), weil Du vor zwanzig Jahren Schwarz gern getragen hast, kann sich das geändert haben und Du ziehst diese Farbe einfach aus Gewohnheit an. Vielleicht bist Du jetzt eine „buntere" Person, vielleicht gefallen Dir dunkle Farben immer noch, aber warme Erdtöne und Gold-Braun anstatt Grau und Schwarz. Accessoires können sehr schöne farbige Highlights sein, die besser als alles andere Deinen derzeitigen Gefühlen Ausdruck verleihen. Jetzt bitte ich Dich, Farben zu verwenden, um Deine innere Harmonie herzustellen. Welche Farbe macht Dich fröhlich und offenherzig, wenn Du sie siehst? Du kannst Farben *fühlen*. Das kommt zum Vorschein, wenn Du beispielsweise einen Gegenstand in die Hand nimmst, der Deine Lieblingsfarbe hat. Bring mehr Freude in Dein Leben, indem Du diese Farbe häufiger trägst. Kaufe neue Kleidung, Accessoires, Gegenstände des täglichen Bedarfs (wie Tassen, Becher, Teller, Kissen, Decken etc.) in dieser Farbe. Ich mag Blau/Türkis sehr gern, und ich fühle mich sofort sonniger und leichter jedes Mal, wenn ich diese Farbe trage. Ich habe mein Wohnzimmer hellblau streichen lassen, und wie nie zuvor trägt mein Zuhause zu meiner Freude und Entspannung bei. Farben und Sonnenlicht beeinflussen Deine Stimmung und Wohlbefinden, die Existenz und Praxiserfahrung der

Farbtherapie bestätigt das. Es ist bekannt, dass Menschen, die im Norden leben und sich im Winter nur weniger Stunden Sonnenlicht erfreuen können, depressiver und suizidgefährdeter als Menschen im Süden. Tageslichtlampen (die die Wellenlänge und das Spektrum des Sonnenlichts imitieren) haben den Gebrauchsgütermarkt überschwemmt und gehören nicht länger zu teuren Luxusgütern. Sie können dieses Problem lindern, wobei es besser wäre, natürliches Licht zu nutzen. Im Kapitel über Wohnen findest Du mehr Tipps zu diesem Thema.

24.

Shopping, Massagen, Sauna, Sport-verein. JAAAAA, sie sorgen dafür, dass Du Dich richtig wohlfühlst. Und es ist keine Neuigkeit, dass Du Dich selbst verwöhnen musst, um glücklich zu sein und Dich bei Stimmung zu halten. Du hast bereits (hier und schon vorher) gelernt, *positiv zu denken*, und das ist schon toll, aber Du musst auch dafür sorgen, *positive Dinge für Dich zu* tun und ein bisschen Luxus zu genießen. Verfügst Du nicht über die finanziellen Mittel, insbesondere, da Du jetzt in Rechnungen untergehst, findest Du im Internet Angebote in Deiner Stadt. Es gibt immer eine Möglichkeit, kostenlose Schönheits- und Wellnessbehandlungen zu finden. Vielleicht musst Du ein bisschen länger fahren oder laufen als geplant, aber wenn ein neues Fitnesscenter gerade eröffnet und einen all-inclusive kostenlosen Probetag mit Sauna anbietet und Du gerade wenig Geld hast, darfst Du diese Gelegenheit nicht versäumen. Du kannst auf diesem Gebiet ein echter Fuchs werden, denn in der Lokalzeitung, auf Webseiten und in Magazinen gibt es viele Angebote. Schönheitsbehandlungen, Sportangebote und Training, sowie weitere *Luxus*-Dinge, werden während Werbekampagnen kostenlos angeboten.

Glamour hat den prickelnden Effekt wie Champagner. Du kannst glamourös sein, indem Du einen goldenen Armreifen trägst oder

Lackschuhe. Kleine Akzente sorgen dafür, dass Du jünger aussiehst: und genauso wichtig – DICH JÜNGER FÜHLST. Es geht nicht darum, Schaum zu schlagen, sondern eher neue und fantastische Möglichkeiten zu nutzen, die schon Tausende von Menschen kennen und anwenden, um sich anders, interessant und glücklich zu fühlen. Das Leben ist kurz, und wir müssen die guten, glamourösen Seiten ausleben. Wenn Du Deine Pflichten im Job und mit den Kindern (so vorhanden) erledigt hast, kannst Du Dir Zeit für Dich nehmen und zum König oder zur Königin werden, wovon Du schon immer geträumt hast!

<u>25.</u>

Sport. Ich denke, nicht, dass ich betonen muss, dass Sport einen hohen Stellenwert auf Deiner Prioritätenliste haben sollte. Allerdings ist es wie mit allen guten Dingen: Man darf es nicht übertreiben. In meinem alten Sportverein hing ein riesiges Poster mit einem attraktiven jungen Mann, der angenehm durchtrainiert war, und der Überschrift: *Weniger ist mehr.* Scheinbar tendieren Menschen dazu, von Sport oder dem Fitnessstudio süchtig zu werden und keine Zeit mehr für andere Aktivitäten oder Hobbys zu haben. Ihre Körper sehen nicht besser aus als die derer, die nur ein oder zwei Mal die Woche trainieren. Ihre Haut sieht grauer oder gelber aus als rosa und ich sehe, dass sie im Durchschnitt mehr Falten als Menschen haben, die gar nicht sportlich sind. Darauf will ich nicht zu viele Worte verschwenden. Es ist allerdings eine Tatsache, dass wenn Du Deinen Körper zu viel (langer oder wiederholter) Anstrengung aussetzt, tust Du ihm damit keinen Gefallen. Stresshormone werden aktiviert, Freie Radikale freigesetzt, die dafür sorgen, dass Deine Zellen schneller den Alterungsprozess durchmachen (und dies betrifft nicht nur Deine Haut, sondern auch die Organe und Knochen). Es ist ein Vorgang, der hier Deinen Zielen widerspricht. Ich möchte nicht, dass Du im Moment mehr Stress hast oder mehr Freie Radikale in Deinem Körper freisetzt! Daher sind Jogging draußen oder einem Sportverein oder Fitnessclub beizutreten okay. Zu viel ist einfach zu viel, und muss daher vermieden werden. Abwechslung ist hier das Stichwort.

26.

Eine endlose Liste an Möglichkeiten steht Dir offen, die mit Deinen persönlichen Vorlieben und Abneigungen zu tun hat, und die Dir helfen kann, besser mit der Scheidung klarzukommen, indem Du die Luft atmest, die Du schon immer inhalieren wolltest (bildlich gesprochen) oder die Dinge tun kannst, die Deiner Ex nicht mochte oder nicht wollte, dass Du sie allein unternimmst. Du bist jetzt FREI! Reisen, Deine Großeltern weiter weg besuchen, Paragliding oder Fallschirmspringen, den Mount Everest besteigen oder einer anderen Religion beitreten sind nur einige Beispiele dafür. Dasselbe gilt für Deine Abneigungen. Wenn es Dinge gibt, die Du nur um einer anderen Person willen getan hast, oder die Du unangenehm oder langweilig oder schwierig findest – tu sie einfach nicht mehr. Beispielsweise bist Du vielleicht zu den Wochentreffen des Häkelclubs gegangen, wo das Durchschnittsalter siebzig ist; oder Du bist jeden Montag dreißig Kilometer gefahren, um Deinen Tenniskumpel Michael abzuholen und ihn nach dem Spiel wieder nach Hause zu fahren, weil er es hasst, alleine zu fahren. Wenn Du es nicht machen möchtest, dann mache es nicht! Sag ihm, ihr trefft Euch auf dem Platz und höre auf, Dinge zu tun, die Dich unter Druck setzen oder Dich ärgern oder langweilig sind oder ein sinnloses Opfer darstellen. Mache eine Liste Deiner Abneigungen und sorge dafür, damit aufzuhören, bis Du keine mehr hast, die Du aufschreiben könntest.

27.

Solltest Du ein Opfer sexueller und/oder psychischer Gewalt sein und bereits versucht haben, Dich für eine positive Zukunft zu motivieren, aber es nicht schaffen, aus dem Loch herauszukommen, brauchst Du wahrscheinlich psychologische Beratung. Manchmal hilft Selbsthilfe erst in einer späteren Phase, wenn tiefere Wunden bereits verheilt sind oder dabei sind zu heilen. Es gibt eine Anzahl sozialer und psychologischer Angebote für Menschen in Deiner Situation, häufig sind sie kostenlos. Wenn Du über Scheidung nachdenkst aufgrund derartiger Belästigung und Du hast Angst, dass Dein Ex gewalttätig reagieren könnte, lass das örtliche Polizeirevier das regeln. Die Polizei wird Dich in unterschiedlicher Hinsicht unterstützen, sei es von Verweisen auf Hilfszentren bis zur Untersuchung Deines Falles. Schäme Dich nicht, diese Prozeduren zu durchlaufen. Missbrauch und Gewalt, sowohl psychisch als auch physisch, passieren in allen gesellschaftlichen Schichten! Besonders wenn Du Kinder hast, nimm Deinen Mut zusammen und sage *STOPP DEM MISSBRAUCH!*

28.

Letztendlich musst du bei allem, was du tust, ein Gleichgewicht finden, um glücklich zu sein. Dein innerer Frieden ist sehr wichtig; es ist die eigentliche Quelle Deiner Stärke. Alles, was Du als störend empfindest, muss revidiert, verbessert, verändert oder einfach aufgegeben werden.

Lass Dich nicht länger aus der Ruhe bringen! Gib Dein Bestes, um die Dinge so geschehen zu lassen, wie Du es möchtest

Abgesehen davon, sich eine besser Zukunft vorzustellen, ist es wichtig, dass Dich die Dinge, die Du in greifbarer Nähe hast, zufrieden machen. Glücklichsein ist eine Gemütsverfassung. So, wie wenn Du einen Radiosender, den Du magst, einschaltest, und Du hast das

Gefühl, dass all die Musik, die gespielt wird, nur auf Deinem Geschmack und auf Deinen Wünschen basiert, und dann wird Dein Lieblingslied gespielt! Ein Zufall? Jeden Morgen wache ich mit einem Lächeln auf und hoffe, den ganzen Tag lang fröhlich zu sein, und ich lasse es nicht zu, dass irgendwer, noch nicht mal mein Exmann (der sich wirklich viel Mühe gibt) mich für länger als eine begrenzte Zeit die Wände hinauftreibt; Du darfst wirklich gern explodieren, wenn Du willst, aber dann reiß Dich wieder zusammen und nimm Deine alte Haltung ein. Das half mir unglaublich, mit meiner Scheidung umzugehen und auch in manchen Säuren Äpfel zu beißen. Denn das Schlimmste ist das Verhalten Deines Ex-Partners, und daher kannst Du nur sehr froh sein, dass Du jetzt endlich nichts mehr mit *solch einer Person* zu tun hast. Lass mich Dir sagen, dass mein Gespür für meine innere Freude mit jedem Tag stieg. Ich bin aus diesem Irrenhaus (meiner Ehe) entkommen. Ich fühlte mich wie neugeboren.

Du weißt sehr genau, dass das Schlimmste schon hinter Dir liegt — die schlechten Zeiten und die schlimmen Überraschungen. Das waren die Wehen. Jetzt bist Du neugeboren und vor Dir liegt ein wunderbares Leben. Du bist eine Supernova am Himmel!

TEIL II

ICH GEHE MEINEN WEG

Ich verbessere mich
Ich wähle aus
Ich bekomme

STEIGERE HARMONIE & BALANCE, DURCH VERBESSERUNGEN ZU HAUSE

Frieden, wie Wohltätigkeit, beginnt zu Hause.
Franklin Delano Roosevelt (1882 – 1945)
Präsident der Vereinigten Staaten

Es ist jetzt nötig, Deine *vier Wände* zu verschönern und eine Stress-freie Ökosphäre zu gestalten.

Leben ist das, was Du daraus machst, und das Zuhause ist das, was Du daraus machst. Wenn Du Deinem Leben ein starkes Fundament und Struktur geben willst, trifft das auch für Dein Zuhause zu. Dein Zuhause ist der Ort, an dem Du Dich von allen anderen Aktivitäten (Arbeit, Sport, Reisen etc.) erholen kannst, Dein Rückzugsort, und Du solltest ihn nicht wie einen Schlafsaal behandeln. Eine aufgeräumte, saubere und komfortable Wohnung heißt Dich willkommen und nimmt Dich in ihre Arme, wenn Du sehr müde oder nervös nach Hause kommst. Und da Scheidung das zweiternste Geschehen auf der Stressskala ist (nach dem Tod eines Partners), möchte ich nicht, dass Du vorzeitig alterst (was manchmal aus schweren Stress resultiert), außerdem sollte alles um Dich herum angenehm und gemütlich sein.

Behandele Dein Zuhause wie einen Teil von Dir. Am Ende sind wir alle Schnecken; wir brauchen ein Haus, in der wir gut schlafen, auch die größten Spartaner unter uns. Ich wende mich ebenso an diejenigen, die in einem Loft in München wie an die, die auf einem Hof in der Lüneburger Heide leben. Das Grundkonzept, um in Deinem Zuhause Harmonie und Gleichgewicht zu finden ist dasselbe.

Aufgrund der Scheidung siehst Du Dich wahrscheinlich einer Reihe unangenehmer Situationen gegenüber; daher sollte alles, was Du für Dein Zuhause tust, nicht als zusätzlich Last oder Pflicht angesehen werden, die Du auch noch bewältigen musst, sondern als Vergnügen. Wenn es Dich nicht interessiert oder Du zu faul bist, wenn Du zu beschäftigt bist, die Renovierung selbst zu machen, könntest Du jemanden mit dem Job beauftragen. Es ist dabei allerdings wichtig, dass Du es nicht jemand anderem überlässt, Deine Wohnung nach seinem oder ihrem Geschmack zu gestalten. Ein Zuhause sollte immer die Bewohner spiegeln und ihnen entsprechen. Und das ist der Grund, weshalb Du vielleicht einige Möbelstücke, Dekorationen und andere Dinge, die Dein Ex hinterlassen hat, entsorgen willst – Erinnerungen (gute wie schlechte) an ihn/sie und an Eure gemeinsame Zeit. STOPP! Bitte Deinen Ex schriftlich, innerhalb einer angemessenen Zeit die persönlichen Sachen abzuholen, nach der Du das Recht hast, sie auf eine Art und Weise, die Dir am angemessensten erscheint, zu entsorgen.

Derweil kannst Du anfangen, Deine Sachen zu sortieren und die Tonnen Zeitungen, die sich im Wohnzimmer stapeln, wegzuwerfen oder eine neue Garderobe zu kaufen, damit alles seinen Platz hat, anstatt auf dem Boden und/oder auf allen möglichen Oberflächen in der Wohnung herumzuliegen. Chaos ist kreativ, solange es zeitlich und räumlich begrenzt ist. Wenn Du es zulässt, dass Chaos in jedes einzelne Zimmer eindringt und jeden Zentimeter Deines Zuhauses vereinnahmt, wird der Effekt auf Deine Psyche *Ruhelosigkeit* sein. Und genau davor möchte ich Dich schützen. Du musst Dich darauf freuen, nach Hause zu kommen, Dich auf ein bequemes Sofa zu setzen, mit Kissen und einer Decke.

Blumen und Pflanzen vollbringen wahre Wunder, indem sie Deinem Zuhause eine lebendige und frische Note verleihen. Sie verbessern die Luftqualität, weil sie Verschmutzungen filtern, und helfen, eine gesunde Luftfeuchtigkeit aufrechtzuerhalten. Die Nähe zu Grün wird Dir innere Harmonie geben, ob Du es bemerkst oder nicht!

Licht ist ebenfalls sehr wichtig, wie wir bereits gesehen haben. Indirektes Licht ist gemütlich, allerdings muss es auch hell genug für Deine Augen sein, um sie nicht zu ermüden, solange Du Dich zu Hause aufhältst. Es ist ratsam, Leuchtmittel mit Vollspektrumlicht zu nutzen, die über eine hohe Farbtemperatur von 5000 bis 7500 Kelvin verfügt. Dieser kleine Trick reicht, um eine lebendige und natürliche Atmosphäre zu schaffen, ohne die bereits existierenden Lampen austauschen zu müssen. Öffne die Fenster und halte immer die Gardinen offen, damit die Sonne hereinstrahlen kann. Wenn Du Privatsphäre brauchst, kannst Du immer noch leichte transparente Gardinen aufhängen, die vor indiskreten Blicken schützen, aber nicht vor Sonnenlicht. Du Brauchst Licht in Deinem Leben und Licht in Deinem Zuhause.

Wie steht es um die Sauberkeit? Sobald der oder die Ex die Tür hinter sich geschlossen hat, fangen einige getrennt lebende oder geschiedene Menschen an, wie wilde Tiere in einer Höhle zu leben. Es ist eine Tatsache, dass auch die Wohnungen und Häuser mit den schönsten Möbeln schlimm aussehen, wenn Schmutzigkeit und Unordnung das Ruder übernommen haben. Wenn Du nicht vorhast, Single zu bleiben, sei Dir bewusst, dass jemand von dem Eindruck Deiner Wohnung, Haus oder was auch immer, einen Schrecken kriegt, und es sich anders überlegt, sobald Du ihn/sie mit nach Hause nimmst. Auch wenn Du ein Adonis mit zwei Doktortiteln oder Jennifer Lopez bist, könnten sehr interessante und interessierte neue Bekannte Deinen Lebensstil ekelerregend finden und sich auf dem Absatz wieder umdrehen, ohne Dir eine zweite Chance zu geben.

Ich persönlich könnte nicht in einem Haus wohnen, das nicht zumindest angenehm und wohnlich ist, und abgesehen von persönlichen Vorlieben, was Komfort und Stil angeht, gibt es zwei objektive

Prinzipien, die Dir helfen, Deinen Bemühungen, mehr aus Deinem Zuhause zu machen, eine Richtung zu geben: **Harmonie und Platz**.

Harmonie ist ein objektives Konzept, denn es ist bewiesen, dass es mehr mit Mathematik und Physik zu tun hat als mit individuellem Geschmack. Ähnliche Dinge sollten unterschiedlich arrangiert oder dieselben Farben (beispielsweise für die Kissen auf Deinem Sofa) verwendet werden, sie auf andere Art zu kombinieren wird einen anderen Grad an Harmonie stiften. Daher brauchst Du weder neue Möbel noch dekorative Objekte oder Wohnaccessoires zu kaufen. Ganz im Gegenteil! Du wirst bessere harmonischere Ergebnisse mit dem erzielen, was Du bereits hast. Solltest Du nicht so talentiert sein wie ein Innenarchitekt (um einen großen Begriff zu nennen, denn das kann man von niemandem erwarten!), kannst Du eine Freundin oder einen Freund oder einen Profi um Hilfe bitten, und dabei sein, wenn die Veränderungen vorgenommen werden.

Platz. Du kannst ein Gefühl von mehr Platz hervorrufen, auch in Deiner Einzimmerwohnung (wo man mehr Platz braucht als in einem größeren Zuhause), indem Du einfach Deine Möbel so stellst, dass alle Ecken ausgefüllt sind und in der Mitte des Raumes und in den Durchgängen mehr Platz ist. Diese müssen frei gehalten werden: Es gibt nichts Nervigeres, als einige Hindernisse umgehen zu müssen, um von A nach B zu gelangen. Auch dies hast Du vielleicht noch nicht bemerkt, aber es erweist sich als leichter aber wiederkehrender Stress. Zähle jetzt die Male, die Du das am Tag mitmachst und mache Dir klar, wie eine Veränderung sich positiv auf Deine Seele auswirken wird.

Die Veränderungen, die Du vornimmst, dürfen nicht Deiner eigentlichen Natur widersprechen. Du musst Dich immer mit ihnen wohlfühlen. Schließlich bist Du ja der Herrscher oder die Herrscherin über Dein Reich, und die Hauptsache ist, dass Du Dich wohlfühlst. Wenn Du mit den Ergebnissen nicht zufrieden bist, ändere etwas bitte so lange, bis Du zufrieden, ruhig und glücklich mit Dir und Deinem Zuhause bist. Amen!

P.S. Und vergiss nicht, Deine schmutzige Unterwäsche in den Wäschekorb zu tun, bevor Du gehst!

DEIN AUSSEHEN AUFPOLIEREN

Menschen bilden sich im Allgemeinen mehr aufgrund des Äußeren eine Meinung als aufgrund der Realität. Alle Menschen haben Augen, aber nur wenige haben das Vermögen des Scharfsinns.

Niccolo Machiavelli (1469 – 1527)

Autor, Philosoph

Bevor ich dieses Kapitel beginne, ist eine kurze Einleitung nötig. Wir alle möchten dafür, was wir sind, geliebt und geschätzt werden, ungeachtet unseres Aussehens. Und das geschieht häufig, zumindest, wenn Menschen die Chance haben, uns besser kennenzulernen. Daher stelle ich Dir zwei einfache Fragen, die deutlich machen, warum ich entschieden habe, dieses Thema zu behandeln (neben weiteren Gründen, die ich später erläutern werde):

1. Warum hat Mutter Natur Babys und Welpen so süß, hübsch und attraktiv gemacht?

2. Warum hat Mutter Natur alle Lebewesen (sowohl Pflanzen als auch Tiere) mit dieser Schönheit versehen, von der bei erwachsenen Exemplaren der Spezies oder andere Pflanzen oder Tieren die Reproduktion und Verbreitung abhängen?

Die Antworten lauten:

1. Weil ihre Schönheit das Herz von Erwachsenen berührt, und sie sie lieben, sich um sie kümmern und sie beschützen werden, um das Fortbestehen des Lebens zu sichern.

2. Weil sie von Tieren und Insekten abhängig sind, die angelockt werden, um ihre Aufgabe zu erfüllen; man denke an die wunderschönen Blüten, deren leuchtende Farben und Formen Bienen und kleine Vögel anlocken, die ihre Samen verbreiten werden.

Bitte, höre jetzt genau zu: Es ist die grausame Wahrheit, aber das heißt, dass Mutter Natur weiß, dass SOGAR unsere eigenen Mütter und Väter ihre Kinder *mögen* müssen, um ihnen Schutz und Nahrung zu sichern! Weil mein wichtigstes Anliegen ist, Dir zu helfen und erst nach meinem Wunsch kommt, Bücher und Seminare zu verkaufen, möchte ich Dich nicht einfach auffordern, über diese letzte GRAUSAME Schlussfolgerung nachzudenken. Ehrlich gesagt, wirst Du auch nicht von mir hören: *„Wow, Du siehst toll aus mit Deinen zerzausten Haaren! Bitte sag mir, wie Du das hinbekommen hast, ich möchte es auch ausprobieren!"* oder *„Diese XXXL-Jeans sehen fantastisch aus! Schade, dass sie mir im Moment nicht passen! Ich gebe mir zwar Mühe, aber ich schaffe nur eine magere M. Vielleicht in ein paar Monaten, okay?"* usw. Ich weiß ebenso, wird der Trend zum Übergewicht nicht aufgehalten, werden innerhalb der nächsten zwanzig Jahre Menschen mit Größe S und M diskriminiert, weil sie schlank sind. Aber es hilft nicht, die Augen zu schließen, um wirklich glücklich zu sein. Es geht nicht um falsche aber ansprechende Annahmen, dass Du an Deinem Selbstbewusstsein arbeiten solltest.

Wenn selbst Mutter Natur nicht von Müttern erwartet, dass sie freundlicherweise ihr eigenes Kind akzeptieren, ihr eigen Fleisch und Blut, egal, in welcher Form es auf die Welt kommt, warum erwarten wir dann von anderen, dass sie uns aufgrund unserer inneren Werte akzeptieren – was der Fall sein kann, aber nicht die Regel ist? Desillusion folgt auf Idealisierung. Und wenn man die Gesellschaft idealisiert, steigt die Wahrscheinlichkeit, dass man später leidet. Wir müssen einfach die Dinge so akzeptieren, wie sie sind, und unser Bestes tun, um zu überleben. Und wenn Mutter Natur jede Art Trick benutzt, um

Liebe anzulocken und das Leben zu erhalten, warum sollten wir dann nicht dasselbe tun?

Weder bin ich eine Friseurin noch eine Zahnärztin oder irgendeine Art Schönheits-Dienstleiterin. Mein Ziel ist hier nicht, Dir genau zu sagen, was Du zu tun hast, aber ich möchte Deine Aufmerksamkeit auf Dein Äußeres lenken, um – falls nötig – einige Verbesserungen in dieser Richtung vorzunehmen.

WUNDER GESCHEHEN!

„Vor einigen Jahren bin ich regelmäßig ins Studio gegangen und die Muskeln meines Six-packs waren so definiert, dass jedes Mädchen sie früher oder später anfasste. Nun bin ich mehr der Typ Teddybär!"

„Als ich jung war, waren meine Kurven so nett und verführerisch, dass mein Ex wirklich Schwierigkeiten hatte, seinen … Sie wissen schon, unter Kontrolle zu behalten, wenn wir am Strand waren. Das scheint Jahrzehnte her zu sein!"

So klang *ich* vor der Scheidung: *„Du würdest Deinen Augen nicht trauen, wenn Du meine Fotos ansiehst, aber ich war früher eine recht gutaussehende Frau, bis vor etwa fünf Jahren!"*

So klang *ich* einige Monate, nachdem ich die Scheidung eingereicht hatte: *„Danke schön, das ist nett von Ihnen! Ich sehe vielleicht jünger aus, weil ich jetzt glücklich bin und außerdem mehr auf mich achte. [strahlendes Lächeln] Natürlich sehe ich schlanker aus! Ich habe in den letzten Monaten mehr als […] abgenommen [Erstaunen]. Aber erzählen Sie es niemandem, okay? Und Diäthalten fiel mir überhaupt nicht schwer. Meine kranke Ehe liegt jetzt hinter mir, und obwohl die Scheidung ein langer und kräftezehrender Prozess ist, fühle ich mich stark und kann das Leben wieder genießen – und passe in meine alten Sachen!"*

Was ich getan habe, war, mir Ziele für mein Aussehen zu setzen (wie ich bereits im Fragebogen vorgeschlagen habe) und anzufangen, mich in diese Richtung zu orientieren. Ich wurde von einer Fernsehwerbung inspiriert, in der eine Schauspielerin, die ich sehr mag, etwas empfahl. Ich habe mir gesagt: *„Wenn sie das schafft, dann schaffe ich das auch."* Deine Ziele zu visualisieren ist sehr wichtig, denn Bilder, auch die, die Du Dir nur vorstellst, erreichen das Unterbewusstsein besser als Worte. Normalerweise bin ich diszipliniert und sehr bestimmt. Es hat den Anschein, dass ich, wie viele Menschen, die in unglücklichen Ehen leben und mit den Nebenwirkungen umgehen müssen, meine

Selbstkontrolle aufgegeben hatte. Ich muss meinen Ehemann sehr geliebt haben, denn er ist der einzige, für den ich mich wirklich aufgab. Für ihn habe ich auch meine Ziele als eigenständige Person und unsere Ziele als Paar aufgegeben, denn er änderte sie alle nach seinem Geschmack, wenn sie nicht länger seinen Zielen entsprachen. Für mich blieben die Probleme und die Pflichten übrig. Allein.

DIE ERSTE AUFGABE, DIE ICH DIR GAB, WAR IN DICH HINEINZUHORCHEN UND DEINE ZIELE ZU DEFINIEREN.

Du brauchst nie wegen einer anderen Person zu leiden oder Dich wegen ihr schlecht zu fühlen, auch nicht, wenn es jemand ist, den Du liebst. Lasse niemals zu, dass Menschen in Dein Leben eindringen und Dir den Lebenssaft rauben, Deinen Enthusiasmus, Deine Initiative – Dein Glücklichsein.

Lasse darüber hinaus niemanden Deine Träume stehlen. Träume sind wichtig, um in Harmonie leben zu können. Ohne Deine Träume, Deine Lebensziele, gehst Du verloren wie ein Schiff ohne Mannschaft.

Ohne Deine Träume siehst Du Dein Leben in Grau, dann in Schwarz, dann verlierst Du es aus den Augen, wie es abläuft, wenn Du stirbst. Und in der Tat bist Du tot. Innen.

Zurück zu Deinem Äußeren, es setzt sich aus verschiedenen Faktoren zusammen:

1. **Selbstachtung und Selbstbewusstsein.**

2. **Figur** – Gleichgültig, wie klein oder groß Du bist, Dein BMI sollte nicht den Mittelwert für Dein Geschlecht und Deine Altersgruppe überschreiten. Folgender Link hilft, Dir Dein Body Mass Index zu ermitteln: http://www.bmi-online.info/cgi-bin/bmi-rechner/index-36-bmi-start.html.

3. **Vitalität** – Das ist das Funkeln in Deinen Augen, das ausdrückt: *„Ich liebe mein Leben, ich liebe mich"* und die Fähigkeit, beim Reden Menschen ins Gesicht und in die Augen zu schauen (Augenkontakt).

4. **Gewandtheit** – Das Ergebnis flüssiger und gleichmäßiger Bewegungen.

5. **Saubere, ordentliche Kleidung** – Zahlreiche Tests (mit der gleichen Person, gleiche Situation, unterschiedliche Kleidung) beweisen, *Kleider machen Leute.*

6. **Gepflegte Haut, Hände, Nägel** – gleichgültig, wie alt Du bist, Du kannst immer gut aussehen, wenn klar wird, dass Du Dich um Deine Haut kümmerst (sie sollte weder gelblich noch schuppig sein oder Makel haben).

7. **Sauberes, gekämmtes Haar** – Man kann ohne Ende experimentieren, aber wenn Du älter als fünfzig Jahre bist, sollten die Frisur und die Farbe nicht extrem sein.

8. **Zähne** – Sei stolz auf Dein Lächeln.

Ich werde jetzt über die Erscheinung sprechen, also das, was Menschen sehen. Was sie allerdings hören, und wie Du Dich mit Deinen sozialen Kompetenzen interessant machst, ist ein anderes Thema. Jeder ist an sich interessant! Jeder Mensch fügt der Welt Farbe hinzu und das ist so unterschiedlich und wert, entdeckt zu werden. Du hast

Deine Persönlichkeit, und Du brauchst sie keinesfalls zu ändern, wenn Du mit ihr glücklich bist.

Da wir über die Verbesserung der eigenen Erscheinung sprechen, können die Brad Pitts und Angelina Jolis unter Euch dieses Kapitel überblättern. Alle anderen müssen vielleicht ihr Äußeres für eine Weile aus dem Verkehr ziehen, den Werkzeugkasten auspacken und einige Reparaturen ausführen!

1. SELBSTACHTUNG UND SELBSTBEWUSSTSEIN

Wenn Du als Kind bereits ein bestimmtes Maß sowohl an Selbstachtung als auch Selbstbewusstsein hattest, hast Du Glück. Es gibt Schüler und Schülerinnen, die sitzen in der ersten Reihe, direkt vor dem Lehrerpult und scheinen zu ihren Lehrern zu sagen: *„Ich bin genau so schlau wie du, nur ein bisschen kleiner!"* Auf diese Art scheinen sie ihr ganzes Leben zu gestalten, zum Teil dank ihrer Gene, zum Teil dank ihres sozialen Hintergrunds, der ihnen Sicherheit und Unterstützung gab. Als Erwachsene schwanken sie weniger in schwierigen Situationen wie bei einer Scheidung. Aber auch sie sind nicht gegen Überraschungen gefeit. Manchmal kann ein Übermaß an Selbstbewusstsein dafür sorgen, dass Gefühle der Desillusionierung tiefer gehen. Der Grund dafür ist einfach: Die Qualitäten oder Eigenschaften, auf die die Betreffenden ihr Selbstbewusstsein beziehen sind nicht immer für alle Menschen gleichermaßen interessant oder wichtig.

Beispielsweise bist Du stolz auf Deinen perfekten Körper, aber Deine Exfrau hat Dich geheiratet, weil Du so ein tolles Grillfleisch hinbekommen hast, bevor Du Vegetarier geworden bist; daher ist es keine Überraschung, dass sie mit ihrem beliebten Assistenten durchgebrannt ist. Oder vielleicht bist Du stolz darauf, gut informiert zu sein, was Du zum Teil der Tatsache verdankst, dass Du jede Ausgabe der *Frankfurter Allgemeine Zeitung* von der Titelseite bis zu den Todesanzeigen durchliest, auch am Wochenende, da ist es einigermaßen verständlich, dass Dein Ex-Partner fand, dass Du zu viel Zeit mit Zeitungslesen verbringst und in die Wohnung von seiner Sporttrainerin einzog.

Die Liste der Dinge von (mehr oder weniger) seltsamen Eigenschaften, auf die die Menschen stolz sind, und die sie selbstbewusst macht, ist unendlich. Das ist wirklich positiv! Versuche offen zu sein und im Laufe der Zeit die Bandbreite Deiner Qualitäten zu erweitern (derjenigen, die Dein Selbstbewusstsein stärken), damit Du niemals mit Deinen Defiziten konfrontiert wirst. Intrinsische Werte und Qualitäten sind vom Alter unabhängig. Beispielsweise soziale Kompetenzen oder ein gutes Herz. Eine großherzige Person geht normalerweise mit einem guten Gefühl schlafen und wacht mit einem guten Gefühl auf. Wenn Egoismus, Missgunst und Hass sich nicht permanent in Deinem Herzen niederlassen (obgleich es menschlich ist, dass sie Dich ab und zu besuchen kommen), nimmt Dein Äußeres eine besondere Aura an, die wahrnehmbar ist, sobald Du einen Ort betrittst.

Diese Art Charisma kann einer Elfe das Selbstbewusstsein eines Riesen verleihen. Ich erlaube mir, meiner Großmutter Angela Respekt zu zollen. Sie hatte zahlreiche soziale Kompetenzen und ein extrem gutes Herz. In ihrem kleinen Haus pflegte sie alle Familienmitglieder zu versammeln, und darüber hinaus auch noch deren Freunde. Sie lud sie nicht direkt ein, aber diese Leute konnten einfach nicht anders, als sie zu besuchen kommen, wie Wespen an den Honig gehen – sieben Tage die Woche! In der Tat war sie keine Frau, die gern viel sprach. Nie sprach sie ein böses Wort oder kritisierte jemanden, und sie konnte all ihre Zeit opfern, um zuzuhören, wenn jemand Dampf ablassen oder ein Problem lösen musste. Sie war eine gläubige Katholikin, eine hingebungsvolle Mutter, eine hingebungsvolle Freundin, Schwester, Großmutter. Alles, was sie tat, tat sie mit Hingabe. In ihren letzten Lebensjahren war sie wirklich müde, denn ständig gingen diese Leute bei ihr aus und ein und brauchten von ihr Trost und Rat. Auf diese Weise verbrauchte sie große Reserven physischer und mentaler Energie. Ihr Haus war nicht nur ein Haus, sondern ein Kindergarten, ein Sportverein, die Kneipe nach der Arbeit, ein Beratungszentrum für alle. Und als sie plötzlich mit siebenundsechzig Jahren verstarb, konnte sie niemand ersetzen. Hunderte von Menschen in ihrer Nachbarschaft fühlten sich wie

Waisenkinder. Ich vermisse nicht nur sie, sondern auch diese Treffen und dieser Überfluss an Lebendigkeit. Ihr Strahlen, ihre stille Wärme! Sie war weder aggressiv noch ehrgeizig oder eine Aufsteigerin. Sie versuchte nicht, der Mittelpunkt oder die Anführerin dieser großen Gemeinde zu sein, dennoch war sie es! Mit ihr verschwand auch die Gemeinde, und leider konnte ich mich nie wieder der Gesellschaft dieser Menschen erfreuen.

Indem wir uns von Menschen, die wir mögen und die wir wegen ihrer besonderen Errungenschaften respektieren, inspirieren lassen, können wir unser Leben in vielerlei Hinsicht verbessern – ohne besondere Anstrengung, denn das Nacheifern geschieht meistens unbewusst. Wie das unsere äußere Hülle beeinflusst – also unser Erscheinungsbild – ist ebenso ziemlich offensichtlich!

2. FIGUR

Ich finde einige Körperformen sehr interessant und anziehend, auch wenn sie nicht perfekt sind. Die Tatsache, dass es Menschen sind, die Menschen attraktiv finden und nicht Fotomodell-Agenturen oder Schönheitsfarmen, wird häufig unterschätzt.

Eine weitere Wahrheit ist, dass es immer jemanden gibt, der Dich besonders attraktiv findet, auch wenn Du nicht der klassischen Definition von Schönheit entsprichst. Ich kenne kleine Menschen, die normale, gutaussehende Menschen geheiratet haben und eine glücklichere Ehe führen als Leute, bei denen man „*Wow!*"ausruft. Viele dieser *Wows* haben mehr Beziehungsprobleme als Menschen, die weniger gesegnet sind. Aber dies ist ein anderes Problem, und es basiert häufig darauf, dass die *Wows* angeblich skurril seien (was manchmal auch stimmt, zumindest in dem Maße, wie es andere normale Menschen auch sind) oder zu schön, um sich ihnen anzunähern. Es gibt Tausende von unterschiedlichen Kulturen auf der Welt, und jede einzelne hat ihren eigenen Geschmack, was Körperbau betrifft. Die Geschmäcker, was das Äußere angeht (Schönheit, Statur und Kleidung) unterscheiden sich ebenfalls, abhängig davon, ob Du in der Stadt oder auf dem Land wohnst. Wie sich auch der Geschmack einer einzelnen Person ändert, wie ich jetzt zum Beispiel als Frau in ihren Vierzigern eher massive und gut gebaute Männer leiden mag, als in meine Zwanzigern, wo ich eher dünne Jungs gut fand.

Daher brauchst Du nicht gegen Dein Gewicht ankämpfen, wenn Du Dich mit Deiner Kleidergröße wohlfühlst. Allerdings fällt es einem nicht so leicht, sich unabhängig von der Umgebung zu sehen. Als Mensch bist Du auch ein soziales Wesen (außer natürlich einige unglückliche Ausnahmen – *grins!*) und ob Du willst oder nicht, ziehst Du Schlüsse aus Deinen Erfahrungen, die Du sammelst. Nach einer bestimmten Menge an negativem Feedback, wirst Du wahrscheinlich entsprechend denken oder Dich anders verhalten. Das Spektrum Deiner Reaktion ist riesig und reicht von leichter Frustration zu sozialer Entfremdung und sogar bis zum Selbstmord.

Wenn Du unter zu großem Über- oder Untergewicht leidest, solltest Du Dich vielleicht fragen, ob der Grund in Deiner zerbrochenen Ehe liegt – das heißt, wenn Du deswegen unglücklich bist. Finde die Balance in Deiner Beziehung und versuche herauszufinden, ob **Du** Deine Träume Deinem Exmann oder Deiner Exfrau ausgeliefert hast (oder Deinem Ex, wenn Ihr noch nicht geschieden seid), der oder die nicht gut mit ihnen umgegangen ist oder sie alle beerdigt hat, sodass Du ohne Deine echte Basis, Dein Rückgrat zurückgeblieben bist – Deine Träume und Projekte, Deine Freude (nicht die Deines Ex oder die Deiner Kinder). Ich werde auf ihre Wichtigkeit in diesem Buch wiederholt hinweisen! Wenn das der Fall ist, öffne Dein Herz und Deinen Geist, sodass Du wieder träumen kannst (worum ich Dich bereits gebeten habe), lass es aufgehen wie eine Knospe, die nach langem Frost aufblüht. Dies gilt für alle Lebewesen. Und auch für Dich ist das machbar. Und dann sind alle Verbesserungen, jede Diät, jeder Plan, jedes Ziel möglich, wenn Du wieder von etwas träumst und Du nach Deinen Zielen strebst.

Was dafür spricht, sich das Ziel zu setzen, wieder eine normale Figur zu bekommen (ohne allerdings zu erwarten, dass man wieder wie mit sechzehn aussieht) ist, dass mehr Gewicht automatisch auch mehr gesundheitliche Probleme bedeutet. Und wenn Du behauptest, Du seist fit, obwohl Du doppelt so viel wiegst wie Dein Normalgewicht, dann glaube ich Dir – bis zu einem gewissen Punkt. Dann musst Du Deine Leistungsfähigkeit und Ausdauer nicht nur damit vergleichen, wie Du beim Sport abschneidest, sondern auch damit, was normale Leute ohne zu Schnaufen und ohne Herzrhythmusstörungen normalerweise machen. Steigt das Körpergewicht, neigen Menschen dazu, bestimmte Situationen zu vermeiden, dazu gehören Treppen (Du schaust Dich nach dem Aufzug um), kurze Spaziergänge (Du nimmst den Wagen, um zum Bäcker um die Ecke zu fahren), Gartenarbeit (früher war es Dein Lieblingshobby, heute freut sich der Nachbarsjunge, für ein paar Euro den Rasen zu mähen!) etc. Und aufgrund der Mehrbelastung, die zu viel Körpermaße auf Muskeln und Knochen ausübt, steigt die Verletzungsgefahr wie Auskugeln von Gelenken und Muskelzerrungen, die den Rhythmus Deines Alltags verändern und verlangsamen. Auf lange Sicht kann Fettleibigkeit die Organe und ihre Funktionen schädigen, chronische Krankheiten entstehen – beispielsweise Diabetes, Herzerkrankungen und Herzinfarkt. Schließlich geht es nicht nur darum, wie attraktiv und anziehend Du sein kannst. Indem Du Dein Gewicht normalisierst, wirst Du gesünder und attraktiver. Hast Du Übergewicht, bedeutet das, dass Du einen Korb mit einem bestimmten Gewicht (stell Dir Dein Gewicht als Butterklotz vor!) mit Dir herumschleppst. Je schwerer der Korb ist, desto müder fühlst Du Dich. Du kannst mir immer noch erzählen, dass es okay sei, aber ich wette, dass es sich trotzdem nicht gut anfühlt!

3. VITALITÄT

Vitalität ist mehr ein Produkt der mentalen Fitness als der Ausübung von Sport. Eine elastische und gelenkige Person kann vielleicht in der Tat nicht die Idee von Vitalität verkörpern, wenn in ihren Adern keine Freude strömt und seine oder ihre Sünden vergilt. AKTIV und REAKTIV SEIN – das ist Vitalität. Wie wir gesehen haben, geht das Glück Hand in Hand mit Träumen und Liebe; die Liebe, die Du schenkst (ein Ungleichgewicht hier bringt Dir zwar Heiligkeit aber nicht zwangsläufig Freude) und die Du bekommst; Du kannst Dich nicht einfach bedienen, das bringt Dir keine Freude; abgesehen davon ist es unmoralisch und unethisch, es wird die Zeit kommen, wenn Dritte Dein egoistisches Spiel durchschauen und Dir einfach den Hahn zudrehen. Der Wert, den Du den Dingen beimisst, mit denen Du Dich gerade beschäftigst, verleiht Dir Vitalität; wenn Du sie für wertlos hältst, kannst Du Dich nicht an ihnen erfreuen und aus ihnen positive Energie ziehen. Vitalität hat etwas mit der Bedeutung Deiner Aktivitäten in einem universellen Sinne zu tun, nicht nur subjektiv (einige finden es insbesondere bedeutungsvoll, vierundzwanzig Stunden am Tag auf dem Sofa zu sitzen und PlayStation zu spielen). Achtsamkeit und Spiritualität sind ebenso wichtig. Allein Emotionen, die positiven, können Deine Augen auf diese spezielle Weise zum Leuchten bringen, sodass die ganze Welt sich auf den ersten Blick in Dich verliebt.

4. PHYSISCHE GEWANDTHEIT

Jeder, egal wie alt, kann mit ein wenig Sport im Fitnessstudio, zu Hause oder draußen beweglich werden. Ziel ist es, Muskeln und Bänder zu lockern, um Körperbewegung zu ermöglichen.

Es ist nichts, was Du unbedingt brauchst. Es ist schön, dass jede oder jeder ihren oder seinen typischen Gang hat. Solltest Du Dich ungelenk bewegen, kannst Du mit etwas Übung Deinem Äußeren ein wenig Charme hinzufügen. *Haltungskurse* (für diejenigen mit Haltungsproblemen) und *ergotherapeutische Kurse* (für diejenigen, die einem sitzenden Beruf nachgehen wie Lastkraftwagenfahrer, PC-Kräfte etc.) funktionieren und sie machen Spaß. Meiner Meinung nach, reicht es aus, zwei Mal in der Woche dreißig Minuten spazieren zu gehen und zu Hause fünfzehn Minuten Dehnungsübungen zu machen. Man kann auch eine DVD mit Übungen nutzen; davon gibt es Hunderte, sodass die Auswahl schwer fällt (suche Dir etwas aus, es soll Dir Spaß machen!), außerdem gibt es Tausende kostenloser Videos, die Du Dir auf YouTube oder anderen Webseiten anschauen kannst.

5. KLEIDUNG

Es ist traurig, ich weiß! Aber wie bereits gesagt, reagieren Menschen unterschiedlich auf gute oder nachlässige Kleidung. Die gute Nachricht ist, dass gute Kleidung für jeden zu erschwinglichen Preisen zu haben ist, und sogar diejenigen, den es nicht so wichtig ist, ihr Aussehen zu verbessern, könnten es versuchen. Du könntest einen modisch versierten Freund oder eine Freundin fragen, ob er/sie mit Dir einkaufen geht, damit Du nichts kaufst, was Dir später unangenehm ist, weil die neuen Outfits nicht zu Deiner Persönlichkeit passen. Lass mich das erläutern: Wenn Du beispielsweise eher der *saloppe* Typ bist, gibt es viele Arten, wie Du Deine lässige Kleidung verbessern kannst. Ist es für Dich unabdingbar, dass Deine Kleidung bequem ist, kannst Du Kombinationen, Stoffe, Stile und Details verändern, sodass sie Deiner Figur schmeicheln und Problemzonen (so vorhanden) kaschieren. Außerdem ist die richtige Größe wichtig. Kleidungsstücke dürfen weder zu eng noch zu groß sein – das heißt, Du solltest genau Deine Größe tragen, maximal eine Nummer größer aber niemals eine Nummer kleiner.

Du brauchst keine Markenkleidung oder die letzte Designerkollektion zu tragen (wenn Du aber das Geld hast – warum nicht?), um ansprechend auszusehen. Die *No-Name*-Modeindustrie stellt auch qualitativ hochwertige Kleidung her, und abgesehen von der Schlange, an die Du Dich sechs Stunden lang anstellen kannst, weil ein *großer* Designer gerade Ausverkauf hat, kannst Du online nach Angeboten schauen. Du brauchst Dich nur bei den Webseiten Deiner Lieblings-Online-Shops zu registrieren oder bei den großen Kaufhäusern, die eine Website haben. So kannst Du Zeit sparen und zu Hause das bekommen, was Du normalerweise erst nach stundenlangem Einkaufsbummel finden würdest. Ich kaufe online ein, und es macht mir genauso, wenn nicht mehr, Spaß als rauszugehen um einzukaufen.

Für Menschen mit Kaufzwang habe ich keinerlei Vorschläge. Sie versuchen immer, den neuesten Trend mitzumachen und Schnäppchen bei Marken, für Qualität oder beides zum besten Preis zu holen.

Ich erröte an dieser Stelle. Einige haben die Bedeutung von *reinlich* und *sauber* vergessen. Sei es, dass es an dem Prä-, Mid- oder Post-Traumatischen-Scheidungs-Syndrom liegt, oder weil sie sich nie um die Wäsche selbst kümmern mussten. Wenn Du dasselbe Hemd oder dieselbe Bluse zwei Tage hintereinander tragen möchtest, kannst Du das machen, aber es wird Dein Aussehen und Dein Sozialleben nicht verbessern. Nach einer Weile werden Deine Mitmenschen vielleicht ein bisschen kritisch (um es mal so auszudrücken), und wenn es Dein auch Chef ist, nun … das ist überhaupt nicht gut! Das Letzte, was Du jetzt brauchst, ist, dass die Leute Dich *den Stinker* nennen.

Es tut mir leid, wenn ich darauf bestehe, ich glaube allerdings, dass einige Menschen auf Dating-Seiten weniger Chancen haben als andere, weil es offensichtlich ist, dass sie nachlässig und unordentlich sind. Bedenke, dass Speed Dating darauf basiert, dass Menschen innerhalb der ersten Sekunden, in denen sie sich sehen, eine Verbindung zu einander aufbauen. Dann können sie innerhalb der nächsten sieben Minuten ihren Eindruck festigen, indem sie Fragen stellen. Insbesondere Frauen ist dieses Thema wichtig. Bevor Du diesen Abschnitt als „Quatsch" abtust, frage Dich bitte, ob Dein Aussehen ein wenig Überarbeitung nötig hat.

6. HAUT, HÄNDE, NÄGEL

Dies ist nicht mehr ein Thema *nur für Frauen* (Halleluja!). Mehr und mehr Männer besuchen regelmäßig Kosmetikstudios und lassen ihre Haut (die Fülle ihres Haares miteingenommen) sowie Hände und Nägel pflegen. Dank der modernen Kosmetik ist es möglich, alle Eigenschaften, die möglicherweise nicht als schön gelten, zu behandeln und zu verbessern. Wiederum ließe sich argumentieren, dass Ästhetik weltweit unterschiedlich definiert wird. Beispielsweise erfreuen sich Tattoos und Piercings etc. wachsender Beliebtheit und einigen gelten sie als die schönsten Merkmale ihres Körpers. Andere reagieren mit Abwehr. Abgesehen von diesem speziellen Beispiel, gibt es Dinge, die jeder hat, die behandelt, entfernt oder verschönt werden können (wie Haare, Flecken, Schuppen etc.), weil fast weltweit ebenmäßige Haut als anziehendes Merkmal gilt. Leider sieht niemand nach der Pubertät wie ein neugeborenes Baby mehr aus, und die Mehrheit ist damit beschäftigt, Haare zu entfernen, Cremes aufzutragen, Wohlfühlbäder zu nehmen etc. Es gibt erschwingliche neue kleine Elektrogeräte, mit denen man zu Hause nachhaltig und fast schmerzlos Haare entfernen kann. Sie ersetzen die großen und teuren Lasergeräte, die es früher nur in spezialisierten Schönheitssalons und Hautarztpraxen gab.

Da ich unter MCS (Vielfache Chemikalienunverträglichkeit) leide, mische ich mir ungiftige Kosmetika und Haushaltsreiniger nach meinen eigenen Rezepten. Ich verwende natürlich Stoffe wie Bio Öle und Fruchtsäuren; und ich bin überzeugt davon, dass selbstgemachte Produkte eine gute Alternative zu den industriell gefertigten sind, insbesondere wenn man sich die Preise für Anti-Aging-Pflege anschaut.

Mit dem neuen Trend des Hand-Make-ups und Nageldesigns boomt eine neue Modeindustrie. Vor einigen Jahren wohnte ich neben einer Dame, die Nagelstylistin war und neben einem Sportcabrio verschiedene Pelzmäntel und Designer-Kleidung besaß; außerdem wohnten wir zusammen in einem Haus in einem der besten Viertel der Stadt. Ich denke, ich werde meiner Tochter raten, sich für diese Karriere zu entscheiden anstatt Zeit mit Bücher zu lesen zu verschwenden und nie in der Lage zu sein, sich solch einen Wagen zu kaufen!

Da nun Hände und Nägel so wichtig geworden sind, dass sie sich zu einem weltweiten Fetisch entwickelt haben, überlegst Du Dir vielleicht, diesem Trend zu folgen, und auch wenn Du keine falschen Nägel tragen oder Nagellack benutzen möchtest (ich finde nicht, dass das für Männer angemessen ist!), tust Du vielleicht Dein Bestes, um Deine Nägel in Ordnung zu halten. Viele Menschen haben mir erzählt, wie verwirrt sie waren, als sie zum ersten Mal die Hände ihres neuen Partners oder Partnerin sahen oder berührten. Hände spielen beim Körperkontakt eine wichtige Rolle und raue, schmutzige Hände mit schwarzen Rändern unter den Nägeln (um das Schlimmste zu verdeutlichen) sind einfach ekelhaft.

Schließlich ist jedes Alter schön und wichtig und bringt etwas Besonderes mit sich, das gilt von null bis hundert Jahre und mehr. Wir werden alle alt; das sollten wir lieber akzeptieren, anstatt daraus unser Leben lang ein Problem zu machen. Jedenfalls bedeutet das Älterwerden nicht, sich gehen zu lassen. Meine Mutter, die fast siebzig Jahre alt ist, macht keinen Schritt vor die Tür ohne perfektes Make-up oder ohne sich frisiert zu haben. Mein Großvater ist 105 Jahre alt, und er benutzt immer noch nach der Reinigung seinen Herrenduft. Ich bewundere Menschen, die sich selbst und anderen solchen Respekt gegenüber haben – die sie nicht nur um ihrer inneren Werte willen lieben sollen – und die im Rahmen ihrer Möglichkeiten versuchen, ordentlich und gepflegt zu sein.

7. HAARE

Durchschnittlich machen der Haarschnitt, Frisur und Haarhygiene mehr als 30% unseres Aussehens aus, bei besonderen Anlässen (öffentlichen Zusammenkünften) sogar 50%. Friseure verfügen über magische Kräfte: Sie können aus einem Aschenputtel eine Prinzessin machen, indem sie sich einfach um Deine Haare kümmern. Das ist außerdem die bequemste Art und Weise, Dein Äußeres aufzuwerten. Einige verlieren möglicherweise aufgrund des Stresses mit der Scheidung Haare; in diesem Fall solltest Du Deinen Friseur darum bitten, mit Deinem Haar noch vorsichtiger umzugehen als sonst.

Die meisten Frauen beenden unschöne Kapitel in ihrem Leben, indem sie zum Friseur gehen. Mit den Haaren schneiden sie auch die Vergangenheit ab und sagen: *„Ich bin ein neuer Mensch und ich beginne ein neues Leben."* Das halte ich für eine gute Idee, vorausgesetzt, dass Du es nicht mit der Farbe übertreibst, insbesondere wenn Du über fünfzig bist – Du bist kein Papagei.

8. ZÄHNE

Eines der ersten Dinge, die ich tat, nachdem ich die Scheidung eingereicht hatte, war zum Zahnarzt zu gehen, um meine alten Füllungen und kleinere Löcher behandeln zu lassen. Ich kann stolz lächeln und auch dicht neben jemand anderem ausatmen, ohne die Hand vor den Mund halten zu müssen. – Kleiner Scherz, so dramatisch war meine Situation nicht!

Aber zu Dir: Zahnärztliche Behandlungen können, abhängig von der Krankenversicherung, manchmal kostspielig sein, Mundhygiene ist es nicht. Einige Zahnpasten, die ein Aufhellen der Zähne versprechen, sind recht gut; andere, die die Zähne remineralisieren sind von Vorteil. Das Aufhellen der Zähne durch Bleichen bringt im Allgemeinen fantastische Ergebnisse hervor und lässt Dein Lächeln wirklich strahlen; wenn Du normalerweise fünf Tassen Kaffee am Tag oder Rotwein trinkst oder rauchst wird der Effekt allerdings nicht lange anhalten.

Es gibt eine Reihe von anderen kosmetischen Lösungen, um Dein Lächeln zu verschönern. Wie gesagt, wenn Deine finanziellen Mittel nicht so groß sind, schaue im Internet nach, wo Behandlungen zu erschwinglichen Preisen zu erhalten sind (das reicht von der Inneren Medizin über Brustvergrößerungen bis zum Zahnaufhellung). Du beschreibst online, welche Art Behandlung Du suchst, und Ärzte und Mediziner verschiedenster Art werden Dir ein Angebot zu einem festen Preis machen. Da Qualität allerdings auch ein wichtiges Kriterium ist, schaue Dir erst die Beurteilungen an.

DIE AUSSTRAHLUNG EINER GGP

Gepflegt ist das Stichwort. Wenn Du gut aussiehst (nicht niedlich im Sinne von Mrs. und Mr. Perfect vom Scheitel bis zur Sohle, jeder, wirklich jeder kann gut aussehen!) und auch unter den schwierigsten Umständen gepflegt bist, wirst Du stolz auf Dich sein, denn das heißt, dass Du Dich von niemandem und nichts unterkriegen lässt.

Natürlich hast Du auch das Gerüst, so zu strahlen; Dein Äußeres ist das Produkt dessen, was Du bist, wie wir gesehen haben. Du bist selbstbewusst, offen, stark, reaktionsstark, interessiert und sozial.

Ich werde auf das Thema äußere Erscheinung nicht weiter eingehen (und beispielsweise über Schönheitsoperationen sprechen). Meine erste Pflicht ist hier an dieser Stelle, Dich auf die Dinge und Verbesserungen aufmerksam zu machen, die die meisten Lebensberater zugunsten eher metaphysischen und spirituellen Werten ignorieren.

„Augen sind die Spiegel der Seele." Wir haben bereits gesehen, wie wichtig es ist, Menschen in die Augen zu sehen, um Vitalität, Selbstbewusstsein und Offenheit zu vermitteln. Aber die Erscheinung ist ebenfalls der Spiegel Deiner Seele, und das wird auch nach außen deutlich! Du wirst die Idee nachdrücklich vermitteln, dass es Dir gut geht (in Deinem Unterbewusstsein und in der realen Welt), solange Du eine gepflegte Erscheinung bist und niemanden ahnen lässt, dass Du zu Hause Probleme hast. Dein Leben beinhaltet auch äußerliche Verbesserungen (falls nötig!), die nicht deren Folge sind, sondern mit den Veränderungen tief in Deinem Inneren einhergehen.

WIE MAN HERAUSFORDERUNGEN IN SOZIALEN NETZWERKEN UND IN DER ÖFFENTLICHKEIT BESTEHT

Es gibt Zeiten, da ist die öffentliche Meinung die schlimmste aller Meinungen.
Sébastien-Roch-Nicolas Chamfort (1741 – 1794)
Autor

Gibt es etwas Flüchtigeres als die öffentliche Meinung? Denke darüber nach. Wenn Deine Antwort *Nein* lautet, warum geben dann so viele Leute etwas auf die Meinung anderer?

Die öffentliche Meinung kann die Meinung von Bürgern eines Landes (oder einer großen Anzahl von Menschen) sein oder die Meinung von Einwohnern eines kleinen Dorfes auf der Schwäbischen Alb oder in Brandenburg. Ich verwende im Allgemeinen den Begriff dafür, was die Menschen, mit denen Du zu tun hast, von Dir denken.

Die öffentliche Meinung kann sich schnell ändern, diese Tatsache wird von der Werbeindustrie, PR-Agenturen etc. mit riesigem Profit ausgenutzt. Es ist eine weitere Tatsache, dass Wissenschaftler jeden Tag zu verstehen versuchen, wie das möglich ist und warum Menschen so schnell ihre Meinung ändern, sogar aufgrund offensichtlich mangelnder Beweise oder völlig falscher Informationen.

Zu viele Faktoren beeinflussen die Meinung von Menschen, und diejenigen, die das zu ihrem Vorteil nutzen (heutzutage wird der Wahlkampf in Blogs und digitalen sozialen Netzwerken geführt) verwenden verschiedene Strategien, die auf Alter, Geschlecht, Interessen und verschiedenen anderen Parametern basieren, um die öffentliche Meinung in einem bestimmten Bevölkerungssegment zu beeinflussen.

147

Facebook und Twitter etc. machen diesen Sachverhalt noch komplexer. Sie stellen neue wichtige Faktoren dar, die die öffentliche Meinung beeinflussen: beispielsweise, wie viele *Freunde* oder *Followers* ein Teilnehmer (eine Person, Gruppe oder ein Unternehmen) zählen kann und wie viele *Likes* er generiert hat. Jeder scheint unter dem Druck zu stehen, auf der sozialen Bühne mitzuspielen und zu zeigen, wie viele Followers man hat. Das führt dazu, dass viele Menschen stärker in der Öffentlichkeit leben, als sie es eigentlich wollen. Sie *müssen* etwas posten; und gelegentlich führt das dazu, dass die Followers ihre Meinung ändern und viele die Inhalte nicht länger verfolgen. Es ist so einfach in sozialen Netzwerken, jemandem nicht mehr zu folgen: Man klickt einfach *entfernen* und diejenige Person verschwindet von dem eigenen Bildschirm und aus dem Leben. Nach ersten schlechten Erfahrungen entscheiden sich viele dafür, weniger in den sozialen Medien präsent zu sein und verwandeln sich zu Mr. Und Mrs. Perfect: Sie veröffentlichen nur noch hübsche Fotos sowie kurze, bedeutsame und wohldurchdachte Kommentare. Am Ende ist das aber keine schlechte Idee, und später werden wir sehen, warum.

Ich mag außerdem die Leute, denen es wirklich egal ist, was sie preisgeben; sie sind echt und verhalten sich und schreiben spontan, *sie akzeptieren die Konsequenzen dessen, was sie veröffentlichen.*

Unternehmen und Gruppen reagieren auf die öffentliche Meinung nicht viel anders als Privatpersonen. Bist Du Unternehmer oder leitest eine Gruppe in einem sozialen Netzwerk, beeinflusst Du wahrscheinlich mit Deinem persönlichen Image das Image dieser Institution, insbesondere, wenn Du Dein Privatleben mithineinbringst. Eine Scheidung beinhaltet finanzielle, familiäre, private, sexuelle, rechtliche, soziale und emotionale Themen. Eine Scheidung kann so viele negative Kräfte freisetzen, die grundlegend Deine innere Natur verändern – sie schlägt wie eine reale Bombe in Dein Leben ein! Einige werden dadurch von Hass, Verbitterung und Wut erfüllt. Andere reagieren darauf, indem sie eiskalt werden und die Bedürfnisse ihrer Familien ignorieren. Du lernst gerade, wie Du diese gigantische explosive Energie in Deine Ziele umlenkst und sie damit in positive Ergebnisse verwandelst. Doch als Mensch kannst Du versagen. Dann musst Du die Konsequenzen tragen.

Entscheide Dich daher nun, ob Du daran interessiert bist, eine gute öffentliche Meinung von Dir zu kreieren, oder ob es Dir WIRKLICH total egal ist (entschuldige die Deutlichkeit), was Leute über Dich denken oder von Dir sagen. Dann handele danach. Du machst jetzt eine sehr schwere Zeit durch, in der Deine Erwartungen an Deine soziale Umwelt höher als jemals zuvor sind. Und indem Du Deine Gedanken, Schwierigkeiten und Ängste enthüllst oder den Leuten erzählst, wie Du Deinen oder Deine Ex fertiggemacht hast, sei es vor Freunden oder in sozialen Netzwerken, kannst Du eine Menge Sympathiebekundungen auf Dich lenken – oder genervte Reaktionen. Die Leute wollen nicht immer wieder hören oder lesen, wie traurig oder sauer Du wegen Deiner Scheidung bist. Sie wollen hören, dass es Dir trotz Deiner Scheidung gut geht. Sie wollen hören, dass Du stark und viel glücklicher als zuvor bist, jetzt, wo Du so frei wie ein Vogel bist!

Das erste Mal, nachdem Du ein Foto veröffentlicht hast, auf dem Du aus Spaß von der Decke Deines Badezimmers hängst, werden Deine Followers das witzig finden und folgende Kommentare schreiben: „*He, Mann … Kopf hoch … Geh’ los und benutz das Seil lieber dafür, Dir damit eine neue einzufangen …*“. Beim zweiten Mal, wenn Du etwas Ähnliches veröffentlichst, werden sie kommentieren: „*He, Mann … hängst Du da immer noch? Wie wäre es mit einem Bier in der Kneipe um 20 Uhr?*“ Das dritte Mal, wenn Du so etwas postest, wirst Du keine Kommentare bekommen außer: „*He, wie geht’s? Machst Du bei unserer GDG-Selbsthilfegruppe der gescheiterten depressiven Geschiedenen mit? Wir suchen immer Typen wie Dich!*“

Widrige Umstände kann man am schnellsten und am effektivsten überwinden, indem man auf sich selbst zählt, die eigenen Ressourcen aktiviert und nutzt. Glücklicherweise sind sie so unbegrenzt wie das Universum.

Dies ist wirklich das erste und letzte Kapitel, in dem ich mir erlaube, etwas zynisch zu sein. Aber ich erlaube es mir mit dem Ziel, zu verhindern, dass Du enttäuscht wirst und seelisch einen hohen Preis zahlst. Vielleicht bist Du auch schon zu demselben Schluss gekommen!

Nach der Schule und der Universität bzw. Ausbildung, wo Du sogar Deine Unterwäsche mit deinen besten Freunden geteilt hast (bildlich gesprochen), folgt eine Zeit, die meistens, wie ich es nenne, von *sozialem Theater* geprägt ist. Es *scheint*, dass alle nett sind und Freundschaften schließen wollen. Du gehst mit diesen Leuten aus, tauscht Informationen über die Arbeit aus, Ihr klopft Euch gegenseitig auf die Schulter und seid *scheinbar* die dicksten Freunde auf der Welt. Aber genau dann, wenn Du wirklich einmal Hilfe brauchst, und um ein wenig Entgegenkommen in Deine Richtung bittest, stellst Du fest, wie oberflächlich die meisten dieser sogenannten *Freundschaften* sind (auch wenn es darunter echte Freundschaften gibt).

Dieses soziale Theater zeichnet sich außerdem dadurch aus, dass alle perfekt sind; sie wissen nicht, was Angst bedeutet, und haben auch kein einziges Problem; und das sollte zukünftig auch Deine Haltung sein. Alles ist in Ordnung! *„Wie geht es dir?"* - *„Gut, danke!"* Wow ... ich glaube, ich treffe immer nur glückliche Menschen! Ein paar Jahre später höre ich dann, dass sie sich haben scheiden lassen, im letzten Stadium Krebs haben oder andere Dramen mit sich allein oder ausschließlich mit der Familie ausgemacht haben. Ich glaube, dass meine Generation (ich wurde in den späten Sechzigern geboren) gelernt hat, allein mit ihren Problemen umzugehen, indem sie eine perfekte Fassade aufrechterhält. Wir sind damit aufgewachsen, Fernsehwerbung zu sehen. Mehr nicht! Diejenigen, die sich immer als strahlend präsentiert haben, werden immer als solche Persönlichkeiten wahrgenommen. Es gibt nichts in der Mitte: Entweder bist Du Gewinner oder Verlierer.

Das ist ein schwieriges Thema. Auf der einen Seite brauchst Du jetzt mehr Liebe und Verständnis als jemals zuvor. Auf der anderen Seite musst Du stärker werden und der Welt sogar zeigen, dass es Dir besser als früher geht. Es gibt immer eine gute Seite, und in diesem Fall sind es sogar zwei!

Zunächst ist die Zeit, in der Du Dich unbehaglich fühlst, kurz und dauert von dem Tag, an dem die Scheidung eingereicht ist bis zu dem Tag, an dem Du feststellst, dass Du ein selbstständiges Leben führst. In dieser Zeitspanne kannst Du manchmal traurig sein, denn Deine Interpretation von sozialer Interaktion ist gefärbt durch Dein größeres Bedürfnis nach Unterstützung durch andere Menschen.

Da Du eine frisch getrennte oder geschiedene Person bist, trauerst Du um Deine andere Hälfte, vielleicht; Du brauchst ein wenig Zeit, damit Dein Geist sich dehnt, weitet, größer wird und sich zu dem Punkt entwickelt, um die verlorengegangen Hälfte zu ersetzen und wieder ein unabhängiges Ganzes zu werden. Es ist ein sehr natürlicher Prozess, der bei all denjenigen, die keine Scheidung hinter sich haben, dadurch stattfindet, da sie bereits einen neuen Liebespartner gefunden haben. Alle anderen werden mehr oder weniger bewusst diese Phase durchlaufen und am Ende feststellen, dass sie allein besser in der Lage sind, sich weiterzuentwickeln als Paar, denn:

- Sie halten nach Menschen Ausschau, die sie interessant finden und orientierten sich nicht nur an ihren Partnern.

- Sie werden instinktiv Menschen finden, die sich in einer ähnlichen Situation befinden (dank der Mechanismen, die ich zuvor bei dem Beispiel *Job in Paris* beschrieben habe).

- Sie haben Ausstrahlung: Sie sind durch ihren neuen Esprit und Persönlichkeit so positiv und attraktiv, dass andere Menschen gar nicht anders können, als positiv auf sie zu reagieren.

Mach Dir also nichts daraus! Gib Dir einen Stoß, gib Dir Mühe, und Du wirst zu Ergebnissen kommen, auf die Du Stolz sein wirst.

Ok, kommen wir nun zurück zu einer Arie gegen die Haltung *„Guck mal, wie schlecht es mir geht.“* Im Allgemeinen gibt es viele Menschen, deren Gefühle und Verhalten von Konkurrenz geprägt sind. Sie können nicht anders. Es liegt in ihren Genen! Diese Menschen, die es überall gibt (in Deiner Familie, auf der Arbeit, im Sportverein, unter Deinen alten Freunden etc.) erfreuen sich möglicherweise an Deinen Schwierigkeiten. Vielleicht kommen sie an den Punkt, an dem sie Informationen über Deinen Zustand zu ihrem Vorteil gegen Dich verwenden, und das Schlimmste, was passieren kann ist, dass Du Dich schlechter fühlst, nachdem Du ihnen etwas anvertraut hast. Neid, Eifersucht und (abermals) Konkurrenzdenken haben schon immer seit Anbeginn der Menschheit existiert. Romulus und Remus, Kain und Abel sind dafür Beispiele. Ganze Häuser wurden aufgrund der widrigen Gefühle und Vergehen ihrer eigenen Familienmitglieder ausgelöscht. Heute sind die falschen und unguten Gefühle dieselben, nur ihre Ausprägungen sind anders.

Viele von Euch leben so wie ich weit von ihrem Geburtsort und der Herkunftsfamilie entfernt, die alten Freunde sind überall auf der Welt verstreut. In diesem Fall brauchst Du unbedingt eine Schulter, an die Du Dich anlehnen kannst; es ist ratsam, dass Du wieder Kontakt zu ihnen aufnimmst (über das Internet?), anstatt Dein Herz bei Leuten auszuschütten, die Du zwar kennst, mit denen Du aber nicht viel gemein hast. Du weißt nie, wann sie wem Deine Geschichte erzählen werden. Auf der anderen Seite gibt es Menschen, die sich zum Ziel gesetzt haben, anderen Menschen in Not zu helfen, und die wirklich gern zuhören und Dich unterstützen. Manchmal braucht man dafür noch nicht einmal etwas zu bezahlen; anonyme Selbsthilfe-Zentren und -Gruppen, Onlineforen, soziale Einrichtungen und Beratungen oder örtlichen Kirche leisten gute Arbeit und tragen Dein Privatleben, mit einigen Ausnahmen, nicht an die Öffentlichkeit.

Im Prinzip ist das Konzept das: Du teilst Schönheit und Freude, nicht Probleme. Daher verwandelt sich das 39°-Fieber Deines Kindes in *ein wenig Temperatur*. Deine Entlassung wird zu einem *Sabbatical*. Deine Scheidung ist *ein schöner Ausflug in eine neue Welt!* Und weißt Du was? Du bist in der Tat in der Lage, die Scheidung in ein neues Leben umzuwandeln.

Niemand kann Dir helfen außer Du selbst, da Du besser als alle anderen weißt, was Du willst. Solange Du daher mit allem alleine klarkommst, tu es. Unschöne Situationen kommen und gehen – ein weiterer Punkt, um eventuelle negative Gefühle für sich zu behalten!

Mutter Natur hat Dir alles gegeben, was Du brauchst: Stärke, Flexibilität, Kreativität, guten Willen, Beharrlichkeit, ein offenes Herz, Harmonie und die Schönheit positiver Gedanken. Das ist mehr, als Du brauchst, um aus dem Nebel zu kommen, und auf Deine eigenen Mittel, Ressourcen und Ergebnisse stolz zu sein. Sei dankbar dafür, was Du jetzt schon hast und konzentriere Dich auf die Ziele, die Du auf Deinem Motivationsposter dokumentiert hast. Du kannst sie mit Leichtigkeit erreichen, wenn Du einfach Deine Vergangenheit vergisst. Erfreue Dich an der Gegenwart und mache jeden Augenblick zu einem besonderen. Bringe Deine innere Harmonie und dem Glücksgefühl gegen die Herausforderungen der Scheidung in Stellung. Jeder Tag besteht aus vierundzwanzig Stunden, und jede Stunde besteht aus tausend Momenten. Wie ich bereits erwähnte, darfst Du Dir kurze Augenblicke der Trauer und Wut erlauben, sogar auf sehr explosive Weise. Ich erwarte wirklich nicht von Dir, dass Du Wonderwoman oder Superman spielst, und es gibt im Zusammenhang mit einer Scheidung immer Situationen und Ereignisse, die auch einen

Heiligen schwach werden lassen, insbesondere wenn der oder die Ex der Teufel in Person ist. Denke an meine Worte und warte eine Sekunde, bevor Du einen Tweet erstellst oder auf Facebook gegen Deine Ex oder Deinen Anwalt oder gegen wen oder was auch immer lamentierst. Beruhige Dich. Morgen wirst Du die Situation sicherlich anders einschätzen. Ich persönlich brauche Zeit, um eine bittere Pille zu verdauen. Sind es wirklich schlechte Nachrichten, gebe ich mir zwei Tage (lach nicht, das stimmt!). Aber wirklich nicht länger! Wir sind so perfekt erschaffen, dass wir uns darauf konzentrieren können, mit wirklich jeder Situation umgehen zu können. Wir sind so anpassungsfähig, dass wir, falls nötig, sehr lange in den undenkbarsten Situationen überleben können. Abermals: Es ist nur die Frage, wie Du reagierst und wie Du ein Problem angehst. Die Probleme sind echt, aber ebenso real sind ihre Lösungen.

Es ist immer von Vorteil, nach außen ein positives Image abzugeben. Dies wird sich auch auf professioneller Ebene bezahlt machen, denn von karriereorientierten Menschen wird erwartet, dass sie ihre persönlichen Probleme zu Hause lassen. Insbesondere, wenn Du befördert werden möchtest, ist es ratsam, niemanden daran teilhaben zu lassen, was Du gerade zu Hause durchmachst. Kollegen können sich am nächsten Tag in Gegner verwandeln, und alles, was Du sagst, kann gegen Dich verwendet werden. Männer werden automatisch zu *Verlierern* und Frauen sind *verzweifelt*. Ungeachtet der hohen Scheidungsrate bestraft die Gesellschaft die Betroffenen weiterhin. Da beißt sich die Katze in den Schwanz, da LEIDER keine Ehe vor der Scheidung sicher ist!

Wenn Du ein bisschen gut aussiehst, besteht die Möglichkeit, dass Deine Freunde in Dir eine mögliche Konkurrenz sehen. Versuche also, geduldig zu sein und vermeide Situationen, die diese Angst bestätigen könnten. Mobbing? Du wirst zu einigen Familienfesten von Freunden nicht mehr eingeladen werden. Entweder glauben sie, Du würdest darunter leiden, inmitten glücklicher Menschen zu sitzen, oder Du seist im Moment so negativ gestimmt, dass Du ihre Kinder zum Weinen, das Soufflé zum Zusammensinken, ihr Grass zum Verwelken und was noch bringen wirst. Das ist zwar ein Witz, aber bitte verstehe, dass es einige Veränderungen geben wird. Einige Mitmenschen werden überraschend positiv, nett oder witzig zu Dir sein, vielleicht wird Dich Dein bester Freund oder Freundin zu einem Blind-Date-Dinner mit seinen oder ihren alleinstehenden Kollegen einladen oder es werden Dich Leute anrufen, um zu hören, wie es Dir geht, von denen Du es nie erwartet hättest. Viele dieser Menschen sind guten Willens. Andere werden nur gute Miene zum bösen Spiel machen und träumen vielleicht davon, in Deine schön eingerichtete Villa mit Meeresblick und tropischem Garten einzuziehen, weil Du die Miete oder die Hypothek nicht mehr alleine zahlen kannst. Das wird aber nur ein Traum für sie bleiben, solange Du dort weiterwohnen bleiben möchtest!

Wenn Du Deine Scheidung öffentlich verlautbarst (was überhaupt nicht nötig ist), mache es so kurz wie möglich. Außerdem ist es ratsam, so knapp wie möglich auf persönliche oder sehr persönliche Fragen zu antworten, die sich um Eigentum oder Dein Sexleben drehen (lerne, Deine Zunge im Zaum zu halten). Privatheit ist ein plüschige weiche Decke, die Dich umhüllt, im Gegensatz zu der eiskalten Öffentlichkeit. Mir passiert das immer wieder, wenn ich zu viel rede: Zunächst fühle ich mich erleichtert, weil ich etwas Schmerzhaftes oder Irritierendes oder beides erzählt habe. Dann fange ich so sehr an, mich nackt zu fühlen, dass ich am liebsten meine Zunge der CIA schicken möchte, damit sie dort lernt, Geheimnisse für immer und ewig zu bewahren!

Zurück zu dem Druck, den digitale soziale Netzwerke ausüben: Mache Dich davon frei. Es besteht überhaupt kein Druck! Das Internet hat die Art und Weise, wie wir mit einander umgehen, verändert und gleicht den Mangel an Begegnungen in der Realität aus. Es macht den Eindruck einer freundlichen, offenen Welt, was insofern stimmt, solange diese Nähe digital besteht. Oder glaubst Du, dass Shakira ihre 106,932,942 Freunde (das ist die aktuelle Anzahl ihrer Fans auf Facebook) nach Hause einlädt und ihr persönlich eine gute Nacht wünscht? Glaubst Du, Til Schweiger würde sich freuen, einen kleinen Teil seiner weiblichen Facebook-Fans (mit Appetit, aber nicht aufs Essen) zum Essen einzuladen? In meiner Freundesliste habe ich einige Menschen, die ich noch nie getroffen habe, mit denen ich reden kann, aber von denen ich noch nicht einmal weiß, was sie beruflich machen! Was, wenn sie bei der *Pizza Connection* (1. Drogenschmuggler-Ring) arbeiten? Ich ignoriere es einfach! Warum im Himmel sollte ich ihnen erzählen, wie ich mich fühle, wenn mein Ex daherkommt und mich herabsetzt? Das ist etwas ganz anderes, wenn Du in einer Gruppe bist, die dieselben Interessen und Hobbys verfolgt oder ähnlich Erfahrungen gemacht hat. Und auch dort wirst immer auf unhöfliche, überkritische und ablehnende Menschen stoßen, die scheinbar nur im Internet ein Leben haben und vor ihrem PC alt werden wie in dem Film *Surrogates – Mein zweites Ich,* mit Bruce Willis. Diese seltsamen Menschen, die aufgrund ihrer zahlreichen Kommentare hoch oben auf der Liste stehen, lesen normalerweise nicht richtig, was Du geschrieben hast; ihnen geht es nur darum, einen Post zu platzieren, um sichtbar zu sein. Du wirst feststellen, dass es zwischen diesen Kommentaren und Deinen Nachrichten nur wenig Zusammenhang gibt, aber das spielt auch keine Rolle, oder? Und das passiert auch, wenn diese Leute das in eigenen Worten wiedergeben, was Du gesagt oder den anderen geschrieben hast: Es hat nichts mit den Informationen zu tun, die Du mitgeteilt hast. Das ist schon wichtig, oder? Oder nicht?

Denk einmal darüber nach: Du kannst 1 Information besser kontrollieren als 10. Und 100 besser als 1000. Weniger Details sind immer besser als viele. Informationen bleiben im Internet für Jahrzehnte bestehen; sie werden Dich ein Leben lang verfolgen! Es geht um Dein Leben. Es geht um Dich. Und Du bist im Moment die wichtigste Person auf der Welt für Dich. Respektiere Dich und folglich werden Dich die anderen respektieren. Schenke all den Menschen, die Du magst, mit Wärme und Liebe, sei großzügig, sowohl in der physischen wie in der digitalen Welt. Aber bitte, benutze nicht soziale Netzwerke als Klagemauer. Du wirst wahrscheinlich gerade jetzt wahrnehmen, dass sich in Deinem Leben etwas in positiver Weise verändert. Und morgen, übermorgen und nächste Woche wird es schon viel besser sein. Diese Sorgen (wenn Du welche hast) schmelzen wie Schnee in der Sonne. Halte einfach an Deinen Träumen fest, denke an sie, aktiviere Deine Lebensenergie und vergiss die Vergangenheit – ignoriere sie. Sie gehört zu einem anderen Leben und zu einer anderen Person. Und wie ich bereits sagte, Deine Zellen erneuern sich und jede neue Zelle wird Deine neue positive Energie spüren und dementsprechend reagieren.

Versuche unter Deinen Freunden *Kumpels* zu entdecken, energische und positive Menschen, die geschieden sind oder in Scheidung leben. Mit ihnen kannst Du das Leben jetzt besser genießen als mit verheirateten Freunden. Ich sage nicht, dass Du Dich von Ehepartnern unter Deinen Freunden fernhalten sollst. Aber vielen von ihnen könnte es schwerfallen, zu verstehen, dass Du wieder mehr ausgehst. Du willst wieder Spaß haben also, sammele Leute um Dich, mit denen Du Spaß haben kannst.

SOZIALE HAUSAUFGABEN

VIPs haben normalerweise persönliche Berater, Assistenten und Schutzpersonal (insbesondere!), die ihnen das Leben während der Scheidung erleichtern. Du musst Dir selbst helfen. Als nächstes, bitte ich Dich, Hausaufgaben zu machen: Besuche alle Deine sozialen Netzwerke und Webseiten und die Foren, bei denen Du Mitglied bist, und schreibe: „*Ich bin glücklich!*" Das ist der Samen des *Glücksbaums*. Er wird jeden Tag wachsen, bis er so strahlend und hoch sein wird, dass dieser Glückbaum Dich beschützen und behüten wird. Danach musst Du ihn jeden Tag gießen, indem Du einen kurzen, positiven Satz oder eine Affirmation aufschreibst, warum Du glücklich bist. Zum Beispiel: „*Heute bin ich glücklich, denn ich habe es geschafft, eine halbe Stunde früher bei der Arbeit Schluss zu machen, und ich habe diese Zeit genutzt, um meinen alten Onkel Norbert zu besuchen, den ich seit Urzeiten nicht mehr gesehen habe.*"

Das Glück kann auch darin bestehen, die Natur zu beobachten: „*Wie schön! Ich habe heute ein Eichhörnchen gesehen, das im Park eine Eichel für den Winter vergraben hat*", oder „*Die Schneeflocken auf meiner Wange haben heute zu einem tollen Sonntagmorgen gemacht!*"

Oder die guten Dinge, die JETZT in Deinem Leben sind, und die man Dir nicht nehmen kann, wie: „*Ich war gestern so glücklich, als ich mit meinem kleinen Mädchen Schokoladenmuffins gebacken habe!*"

Der Gedanke kann auch etwas mit Deinen inneren Werten oder denen anderer Menschen zu tun haben: „*Eine schöne Brünette mit faszinierenden Augen hat mich für Sonntag zum Kaffee eingeladen. Ich bin gespannt, was daraus wird!*" Im Ernst, die inneren Werte: „*Ich fühle mich gut, wenn ich etwas von mir geben kann, sei es physisch oder spirituell.*" Das ist zwar besser, aber auch zweideutig.

Oder notiere einfach eine erfreuliche Beobachtung, was Dir an jenem Tag passiert ist, für das Du dankbar sein kannst. „*Mein Chef hat*

mich heute zu sich gebeten und mir zwei – in Worten: zwei – seiner größten Kun-
den übertragen. Und es ist noch nicht mal Weihnachten!"

Jedes Mal, wenn Du einen Deiner Freunde oder Freundinnen triffst, tue das Gleiche (auch das ist Teil Deiner Hausaufgaben): Sag ihm oder ihr, dass Du über etwas glücklich bist. Bevor Du schlafen gehst, schaue auf Deine Liste mit den Träumen oder auf Dein Poster und leg Dich mit einem Lächeln schlafen. In einigen Wochen werden Dir Deine Freunde für das helle Strahlen in Deinen Augen und Deine lebensbejahende positive Haltung Komplimente machen. Und weißt Du was? Sie haben recht!

P.S. "Eine einzige Rose kann mein Garten sein … ein einziger Freund meine Welt." ~ Dr. Felice Leonardo *Leo* Buscaglia, 1924 – 1998)

BRÖTCHEN VERDIENEN, ODER DIE KUNST EINE ARBEIT ZU HABEN, DIE DU MAGST

Wähle einen Beruf, den Du liebst, und Du wirst keinen Tag im Leben arbeiten müssen.

Konfuzius (551 – 479 v. Chr.)
Lehrer, Philosoph, Autor, Politiker

Arbeit ist ein wichtiger Teil unseres Lebens; dasselbe trifft auch für Ameisen zu.

Ob die Arbeit einen sehr wichtigen Teil unseres Lebens ausmacht, hängt sehr stark davon ab, was wir als Broterwerb tun und wie wir unsere Zeit meistern.

Ob die Arbeit einen wichtigen Teil in unseren Gedanken einnimmt, hängt sehr stark von unserem Engagement ab und wie sehr wir unsere Arbeit mögen.

Wenn Du Deinen Fragebogen wahrheitsgemäß beantwortet hast, sollte nun Dein Motivationsposter mehr oder minder präzise Deinen Job beschreiben. Ich bin sicher, dass diese Antwort länger als die auf die anderen Fragen gedauert hat. In diesem Fall ist die soziale Konditionierung sehr stark, weil wir schon in der Grundschule lernen, dass ein Arzt mehr verdient als ein Feuerwehrmann.

Meiner Meinung nach arbeitet ein Drittel aller Menschen in Positionen, die sich an Muttis und Vatis Interessen, Bedürfnissen und Wünschen orientieren. Und ob dieser Einfluss direkt ausgeübt wurde oder so tief verborgen war, dass er fast unterbewusst ist, ist nebensächlich. Ein Drittel der Menschen auf dem Arbeitsmarkt machen einfach nur ihren Job, ohne sich dafür zu engagieren. Ein weiteres Drittel ist in Jobs beschäftigt, weil sie keine andere Wahl hatten. Sie mussten dien erstbeste Stelle akzeptieren, der allein oder mit zwei oder drei anderen kleineren Jobs am Ende des Monats das Geld für die Rechnungen einbringt, jeden Monat, jedes Jahr, ihr ganzes Leben lang.

Dann arbeitet ein Drittel in einem Beruf, den sie am liebsten machen wollte, weil sie ihren Träumen folgen. Und weil sich Träume verändern, verändern sich als Konsequenz auch die Jobs.

Junge Leute werden in ihrer Schulzeit stark von ihren Lehrern beeinflusst. Nur weil jemand die besten Noten in Mathe habe, heißt das nicht, dass sein Beruf darin bestehen sollte, Berechnungen anzustellen; er kann es einfach gut, er hat Talent, aber es gibt junge Leute, die viele Talente haben (ich gehörte dazu), und in dieser Situation ist es schwierig sich zu orientieren. Was ist daher das beste Prinzip, um im Arbeitsleben Erfolg zu haben und Glück zu finden? Es ist genauso, wie es Konfuzius vor ein paar Jahrtausenden gesagt hat: *Du musst Deinen Beruf mögen!* Es ist einfach wahr. Und ich bin fest davon überzeugt, dass die einfachsten Dinge uns die bedeutendsten Erkenntnisse lehren können. Scheidungen bringen allerdings in einigen Fällen Veränderungen im Berufsleben mit sich. Die Gründe hierfür können sein:

- Du bist Deinem oder Deiner Ex irgendwohin gefolgt, und nun gibt es keinen Grund mehr, noch länger dort zu bleiben.

- Da Du jetzt die Miete und die Rechnungen alleine zahlen musst, musst Du mehr verdienen, und Dein derzeitiger Beruf deckt nur die Hälfte Deiner monatlichen Kosten.

Eine Scheidung ist mit einer (Neu)Geburt vergleichbar – beide folgen Liebe und Schmerz. Wenn Du das Gefühl hast, dass Du Deinen derzeitigen Beruf nicht mehr leiden kannst, musst Du etwas Sinnvolleres machen, etwas, dass Deinem eigentlichen Selbst mehr entspricht.

Bitte versuche, Deine jetzige Situation zu analysieren, und wenn Du mit ihr zufrieden bist, brauchst Du gar nichts zu ändern. Während einer Scheidung sind wir anderen Menschen näher als jemals zuvor (wir suchen nach Liebe, Sicherheit, einem Punkt, an dem wir uns orientieren können, Bestätigung, neuen Möglichkeiten etc.), und wenn Du schon lange an Deinem Arbeitsplatz tätig bist, sind einige Kollegen vielleicht zu Freunden geworden; es kann in gewissem Sinne stabilisierend sein, weiterhin in derselben Firma zu arbeiten, weil Du weißt, dass Du *dorthin gehörst*. Und wenn Deine Kollegen echte Freunde sind, dann werdet ihr auch in Kontakt bleiben, wenn Du einen neuen Job hast.

Zurück zum Thema „*Ich muss meinen Beruf mögen*", was der wichtigste Punkt dieses Kapitels ist. Wenn wir etwas tun, das wir gerne tun, sind wir nicht nur glücklich, sondern wir sind auch sehr stark! Darüber hinaus bist Du motiviert und sicher, dass Du jede Schwierigkeit überwinden kannst. Du kannst die doppelte oder Dreifache Belastung tragen, die andere Leute bewältigen, die nur wegen des Geldes arbeiten. Du zeigst mehr Initiative, und Du hast viel mehr Chancen, daraus eine Karriere zu machen oder als Unternehmer etwas Großartiges zu erschaffen, wenn Du etwas tust, das Du magst. Du bleibst motiviert, und die Arbeit wird Dir doppelt so viel Befriedigung geben wie Menschen, die am falschen Arbeitsplatz sind, ganz einfach, weil sie nicht so viel leisten müssen. Du bist einfach aus Dir heraus positiv geladen.

Wenn Du etwas tust, was Du magst, arbeitet Dein Gehirn auch im Schlaf und produziert wunderbare neue Ideen in jeder Hinsicht auf Deinen Job. Wenn Du also beispielsweise eine Firma hast, wachst Du vielleicht mit einer neuen Produktidee auf, oder mit einer Idee, wie Du sie vermarkten kannst, oder dem Gefühl, dass Du Deinem Assistenten nicht trauen kannst und dem nachgehen musst. Es ist erstaunlich, wie gut Du Deine Aktivitäten durchführen kannst, wenn Du Deinen Job magst. Die Qualität, die Effizienz und die Kreativität, die Du hervorbringst, ist besser als der Durchschnitt, weil der Durchschnitt zu einem Drittel aus Menschen besteht, die für ihren Lebensunterhalt sorgen müssen (wir alle müssen für unseren Lebensunterhalt sorgen, aber ich bin sicher, Du verstehst, was ich damit meine!) und einem weiteren Drittel, die dazu gebracht worden sind, das zu tun, was sie tun. Und da Mathematik wiederum keine Meinung ist (im Gegensatz zu einer beweisbaren Größe) hast Du die besten Chancen, in Deinem Job erfolgreich zu sein und sehr sehr glücklich!

Das eine Drittel der Menschen, die für ihren Lebensunterhalt arbeiten, wissen das vermutlich nicht und werden kaum die Karriereleiter aufsteigen. Sie kommen sehr frustriert nach Hause, genauso wie diejenigen, die ihren Beruf ergriffen haben, weil er den Träumen ihrer Eltern entsprach. Frustration ist in jeder Hinsicht ein großes Problem und sie ist Auslöser für die schwersten gesundheitlichen Probleme. Diese Menschen haben möglicherweise kein Problem, ihre beruflichen Sorgen nicht mit nach Hause zu nehmen, weil sie sofort versuchen, sie zu vergessen, sobald die acht Stunden vorbei sind. Sie kompensieren größtenteils ihre fehlende Befriedigung durch andere Aktivitäten, Hobbys und Interessen, die ihren Hunger nach Freude, Kreativität oder Action (beispielsweise wenn der Beruf zu viel Routine beinhaltet) stillen. Ja, aber wir wissen, dass wenn wir unsere grundlegenden Bedürfnisse nicht direkt befriedigen, resultiert das immer in einem Ungleichgewicht. Mit schlechten Alternativen zu leben ist langfristig immer eine schlechte Wahl.

Was ich als Erwachsene machen wollte, war mir schon als Elfjährige klar. Ich suchte mir ein Gymnasium aus, das mir die Grundlagen für meine Universität bot. An meiner Uni brachen 50 Prozent der Studenten ihr Studium zwischen dem 1. und 2. Jahr ab, weil es wirklich schwierig war, die Examen zu bestehen. Ich schloss mein Studium nach drei Jahren ab, obwohl es normalerweise vier Jahre oder länger gedauert hätte. Ich war aber auch eine Partymaus.

Ich sah immer meinen Traum vor mir, also schritt ich wie ein Panzer voran, nahm mein Ziel ins Visier, ohne Hindernisse wahrzunehmen, denn für mich waren es nur Herausforderungen. Ich hatte einen Plan, und ich war so zielstrebig, dass ich sogar unter den schwierigsten Bedingungen lernen konnte.

Ich hatte einen Traum, der dem meiner Mutter sehr widersprach. Sie wollte, dass ich Frauenärztin werde! Sie hatte mir das lange Zeit eingeredet. Sie wollte auch bestimmen, auf welche Universität ich gehen sollte. Sie stellte mich auf die Probe, um mich zum Kapitulieren zu bringen, und ich musste sehr kämpfen, um auf diese eine Uni zu gehen und diese Art Kurse zu belegen. Aber ich habe gewonnen. Meine Mutter wollte, dass meine Schwester Ingenieurin wird, und sie schaffte es tatsächlich, dass sich meine Schwester in Ingenieurswissenschaften einschrieb! Nachdem sie einige sehr schwierige Prüfungen abgelegt hatte, brach meine Schwester ihr Studium ab. Dennoch fühlte sie sich sehr erschöpft und war demotiviert; ihr Traum war es gewesen, auf die Sporthochschule zu gehen. Dort schloss sie ihr Studium ab – mit Auszeichnung!

Wenn Du etwas tust, was Du nicht magst, sei es im privaten oder im beruflichen Bereich, tritt es früher oder später zutage. Vielleicht war das auch der Fall mit Deiner Ehe und der Person, die Du Dir als Gatten oder Gattin ausgewählt hast.

Die Anzahl der Leistungen und Kompetenzen, die in den meisten Positionen auf dem Arbeitsmarkt verlangt werden, reichen für drei Personen. Aber es wird tatsächlich nur eine Person eingestellt. Du darfst Deine Seele und Deinen Körper nicht solchem Druck ohne die nötige Motivation und Bestimmtheit aussetzen (denn die meisten Krankheiten basieren auf psychosomatischen Beschwerden). Beides wird nicht immer auf Nachfrage erlernt, durch Motivationstraining beispielsweise. Du musst von vornherein stark sein. Du musst in der Lage sein zu sagen: *„Ich liebe meinen Job!"* und die Freude in Deinem

Herzen spüren. Und es muss Dir wirklich egal sein, ob es Montag oder Freitag ist, denn Du magst jeden einzelnen Werktag.

„Wähle einen Beruf, den Du liebst, dann wirst Du keinen Tag im Leben arbeiten müssen", dieser Spruch von Konfuzius ist eine Perle der Weisheit. Jeder Beruf, sei es zum Beispiel Bergbau oder Hochseefischen, wird leicht und angenehm, und Du wirst ihn nicht als Job wahrnehmen, wenn Du ihn magst. Bei Modeschauen gibt es auf der kommerziellen, organisatorischen und finanziellen Ebene so viel zu tun, dass Designer normalerweise nicht genug Schlaf bekommen. Und dennoch sehen sie sich als Künstler; die Idee eines Künstlers lässt eher an die Charakteristika der Bohème denken als an die eines Geschäftsmannes mit vollem Terminkalender. Sie sind so glücklich und widmen sich so sehr ihrem Job, dass sie ihn als Freude wahrnehmen, als eine Quelle der Lebendigkeit und Energie, ohne die sie nicht leben könnten.

Während zwei Drittel der Menschheit ihre Energie an Jobs verliert, die sie nicht liebt (und außerdem Opfer von Störungen aufgrund von Stress werden), zieht auf der anderen Seite ein Drittel Energie aus seinem geliebten Beruf. Es sind die Personen dieses letzten Drittels, die normalerweise die Maßstäbe in der Weltwirtschaft setzen. Ich brauche dafür keine Liste anzuführen. Denke nur an die Biografien der bekanntesten reichen Menschen, die das bestätigen. Wenn Du nun aber zu dem Drittel gehörst, das mit seinem Beruf glücklich ist, und Du kannst mir zustimmen, auch wenn Dein Chef Dich nicht hören kann, dann hoffe ich, dass Du Deinen Job BEHALTEN KANNST! Sollte das nicht der Fall sein, ist es jetzt vielleicht an der Zeit, sich über Deine Situation Gedanken zu machen, sei es nun vor, während oder nach der Scheidung. Wie bereits gesagt, machst Du jetzt eine sehr kritische Phase durch, in der alles möglich und umsetzbar ist.

Dies trifft allerdings auf alle Lebensphasen zu. Du kannst jederzeit über das Morgen bestimmen. Wenn Du das Bedürfnis danach hast, ist es wichtig, Kontakt zu Deinem inneren Selbst aufzunehmen und es nicht zu ignorieren – lass es zu Dir sprechen. Lass Dich von Deiner inneren Stimme leiten. Es kann ein Traum, eine Vision oder eine Idee sein. Sobald Du eine Nachricht von Deinem Selbst bekommst, setz Dich in Bewegung, auch wenn Du sie noch nicht oder noch nicht ganz verstehst, wie sie umgesetzt werden kann. Meistens weiß unser Unterbewusstsein genau, was für uns das Beste ist und hat bereits eine Folge von Maßnahmen, die in diese Richtung führen, geplant. Manchmal musst Du einfach anfangen, eine Idee umzusetzen, und dann kommt alles Weitere als eine natürlich Folge dessen. Das passiert, wenn Du unter der Führung Deiner Träume arbeitest.

Auch für diejenigen, die nicht gern Risiken eingehen, gibt es immer noch Dinge, die sie tun können! Wenn Du Deinen Job nicht so sehr magst, aber Du meinst, dass Du im Moment andere Prioritäten verfolgen solltest, als nach einer neuen Arbeitsstelle zu suchen, kannst Du Deine Situation am Arbeitsplatz verbessern. Hasst Du Routine? Sorge für Abwechslung! Hasst Du Abwechslung und Überraschungen? Sorge für Routine! Ich will einige Beispiele nennen:

Gehörst Du zu den Leuten, die keine Routine mögen, und ein großer Teil Deiner Arbeit besteht in der Tat aus Wiederholung, kannst Du Abwechslung und Farbigkeit hineinbringen, indem Du beispielsweise Deine Arbeit in Abschnitte unterteilst und dazwischen jeweils etwas Neues machst. Dieses Neue kann mit Deiner Arbeit zu tun haben, muss aber nicht. Wichtig dabei ist, dass Du Routine und Pausen abwechselst. Frage Deine Abteilungsleiter/in, ob er/sie Dir helfen kann, für Abwechslung zu sorgen, oder ob Du auf eine andere Position wechseln kannst.

Hast Du einen Beruf, der zu anstrengend ist, und Dich jede Überraschung und Veränderung stresst (anstatt Dich herauszufordern), dann kannst Du versuchen, Deine Aufgaben besser zu planen, um unbekannte Faktoren ausschließen zu können. Vorsorge ist besser als

Nachsorge. Du kannst Deinen Abteilungsleiter/in fragen, ob es Möglichkeiten gibt, den Stress in Deinem Job zu mindern. Vielleicht bekommt er/sie es nicht mit, dass Du Schwierigkeiten hast. Wenn Du ihm/ihr keine Rückmeldung gibst, wird er/sie annehmen, dass es Dir prima geht!

Noch einmal: Wir können träumen und uns wünschen, was wir wollen, aber wenn wir nichts dazu tun, indem wir unsere Ressourcen aktivieren, dann stehen die Chancen, dass sich etwas zum Positiven ändert, recht schlecht.

WIE MAN MIT EX, DER EX-FAMILIE UND DEM EX-FREUNDESKREIS UMGEHT

Sobald man die Erkenntnis akzeptiert, dass sogar zwischen den Menschen, die sich am nächsten stehen, eine unendliche Distanz erstreckt, kann ein wunderbares Leben Seite an Seite entstehen, wenn man die Distanz zwischen ihnen zu lieben lernt, die es ihnen beiden ermöglicht, den anderen als Ganzes vor dem Himmel zu erkennen.

Rainer Maria Rilke (1875 – 1926)

Poet, Schriftsteller

Mit Deinem inneren Glücksgefühl und Deinem Engagement für Deine Ziele bist Du stark. Was Du begonnen hast, in dem Fragebogen zu erkunden, ist Dein Leben, und zwar nicht das, was Du mit Deinem Ex geteilt hast. Und das ist der Grund dafür, dass Du in der Lage bist, Dir ihn auf der Straße vorzustellen, wie er hinter Dir geht, anhält, und Du weitergehst, indem Du Deinen Ex als Vergangenheit ansiehst. Du brauchst Dich nicht mit dem Scheitern Deiner Ehe zu beschäftigen und den ganzen schmerzhaften Prozess, wie es zur Scheidung kam, noch einmal durchmachen. Das hat keinen Sinn mehr! Eine Entscheidung ist getroffen – von Dir oder Deinem Partner. Jetzt musst Du nach vorne schauen. Wenn Du verstanden hast, wie leicht und hell Dein Leben sein kann, wenn Du wieder zu träumen beginnst, oder vielleicht nie aufgehört hast zu träumen, gehst Du einfach Deinen Weg, ohne weiter Kompromisse machen zu müssen.

Wenn Du erst getrennt bist und Dir die Scheidung bevorsteht, wenn Dein Ex-Partner das Leben schwer macht und Dich wegen gemeinsamen Eigentums oder der Kinder herausfordert, ist es umso

169

wichtiger, dass Du nicht die ganze Zeit Deinen Gefühlen zu viel Raum gibst. Gehe nicht Deinen Gedanken ins Netz, die sich nur um Deine Schwierigkeiten drehen. Du musst Dich weiterhin auf Dein Leben konzentrieren, nicht auf den Schrecken dieser Tage, wenn das der Fall ist. Fokussiere Dich darauf, was Du für Dich und Deine Kinder (so vorhanden) willst, und lass Dich nie vom Gespenst Deines oder Deiner Ex verfolgen. War Dein Mann oder Deine Frau in der Zeit, in der Ihr verheiratet wart, keine Heilige, dann gehen die Chancen, dass sie/er sich mit einem netten Adieu verabschiedet, gegen Null. Eine Scheidung sorgt dafür, dass die wahre Natur von jedem zutage tritt – und zwar mit einem gewissen Grad an explosiver Energie. Mir wurde verschiedentlich bestätigt, dass Scheidungen nur selten glatt verlaufen. Es gibt spezielle Fälle, in denen man nur die Nerven behalten und alle meine Ratschläge befolgen muss, um nicht wahnsinnig zu werden.

Ich wiederhole mich, je kürzer Du Dich der *Frustration, Wut etc. völlig* hingibst, desto besser ist es für Dich und für die Menschen, die mit Dir und um Dich herum leben. Es sind tatsächlich zu viele Interessen im Spiel: Gefühle, Kinder, Finanzen, und einige nutzen jede Möglichkeit, um die oder den Ex zu betrügen. Lässt man die vielen unterschiedlichen Konstellationen bei Scheidungen außer Acht (abhängig von der ursprünglichen Partnerschaft, Kultur, Trennungsgründen, finanziellen Mitteln, Kindern bzw. Kinderlosigkeit etc.), kann ich einige Regeln zusammenfassen, die Dir helfen, mit Deinem Ex, seiner Familie und seinen Freunden (oder ihren) umzugehen, ohne eine universelle Lösung vorgeben zu wollen:

1. Halte zu Deinem Ex Distanz.

2. Halte zu der Familie von Deinem Ex Distanz.

3. Halte zu den Freunden von Deinem Ex Distanz.

Menschen, die auf der Seite Deines Ex (oder an der Front!) stehen, die Dich schon vor der Trennung sehr mochten, werden das auch weiterhin tun, auch wenn der Kontakt mit der Zeit abnehmen wird. Zu Anfang solltest Du diesen Menschen Zeit geben, ihre Reaktionen zu überlegen. Zu versuchen, irgendwie von ihnen Unterstützung zu bekommen ist keine gute Idee. Auch wenn die Scheidung nicht Deine Entscheidung ist, sondern eine Konsequenz aus dem Verhalten Deines Ex ist, werden seine Leute immer zu ihm/ihr halten (Ausnahmen bestätigen hier die Regel).

Sollte Dein Ex mit Deinem Geld oder mit jemand anderem durchbrennen, werden seine Freunde womöglich behaupten, dass es Deine Schuld sei. Sie könnten fragen: *„Warum hast Du ihm/ihr vertraut? Warum hast Du ihn/sie geheiratet? Du warst nicht so ein guter/attraktiver/verständnisvoller/umsichtiger/liebevoller Partner (Partnerin)."* Oder gleichermaßen: *„Ihr seid beide gleich schuld."* Der letzte Satz ist ein alter und häufig vorgebrachter Vorwurf. Fast ausnahmslos stehen sie zu ihrem Kind, Cousin, besten Freund etc. und sorgen dafür, dass Du Dich wie ein Trottel fühlst. Erwarte nicht zu viel und lass die Zeit vergehen. Es sind alles nur Menschen, und die Mehrheit weiß nicht, wie sie mit Dir in dieser neuen Situation umgehen soll. Du wirst später immer noch Zeit haben, wenn sich alles beruhigt hat, um wieder auf diese Menschen zuzugehen, besonders, wenn Kinder im Spiel sind, denn meistens gelingt es ihnen, zwischen Familien Brücken zu bauen.

Eine der typischen Fragen lautet:

„Ist es eine gute Idee, seine oder ihre Eltern, Verwandten oder Freunde in meiner Scheidungskrise um Hilfe zu bitten und sie einzubeziehen?"

Meine Antwort ist: *„Nein!"* Sie werden Dir dankbar sein, wenn Du sie nicht in die Situation bringst, Stellung zu beziehen oder an Euren Kämpfen teilnehmen zu müssen. Meine Schwiegereltern haben kein Wort darüber fallenlassen; sie haben unsere Scheidung einfach ignoriert, sofern es mich betraf; und ich wollte ihre friedliche Welt nicht zerstören, indem ich ihnen erzähle, was sie nicht hören wollten. Was willst Du erreichen, was Du nicht alleine schaffst oder mit der Hilfe von professionellen Beratern oder Menschen, die auf Deiner Seite sind (DEINE Familie, DEINE FREUNDE)?

Ich weiß nicht, wie lange Du verheiratet gewesen bist, aber Du hast sicherlich Kompromisse eingehen müssen, mit welchen Leuten Du zu Abend gegessen hast oder wer unter Deinem Sonnenschirm im Urlaub saß. Ich meine, es gibt wirklich sehr viele Menschen, die Du über Deinen Ex kennengelernt hast, mit denen Du *vorher* auch nichts gemein hattest. Nun ist die Verbindung sogar noch geringer, daher kann es nicht so schlimm sein, sie zu vergessen. Sollte Dich die Scheidung schmerzen, weil viele Menschen aus Deinem Leben verschwinden werden, betrachte die Situation bitte noch einmal unter weniger romantischen Gesichtspunkten: Dann frage Dich, wie wichtig Dir diese Menschen im Alltag wirklich sind. Verdienen sie, dass Du um sie trauerst?

Schließlich betrachte Dein Leben als eine Folge von Gelegenheiten. Wenn eine vorbei ist, wartet schon die nächste auf Dich. Jetzt hast Du mehr Zeit, die Du mit DEINEN FREUNDEN, DEINEN GESCHWISTERN, DEINEN KOLLEGEN verbringen kannst, und mehr Zeit, neue Bekanntschaften zu machen, was wichtig für zukünftige Liebesbeziehungen ist.

Wenn Du nicht mehr normal mit Deinem Ex reden kannst, sondern Ihr Euch nur noch anbellt und die Luft brennt, dann ist Distanz wirklich zwingend notwendig. Noch einmal: Irgendwann wirst Du Dich an die Situation gewöhnen und es wird Dir besser gehen, wenn die schwierigste Zeit vorüber ist.

Auch Paare, die nicht unter Kommunikationsstörungen leiden, werden nur eine Zeit lang die Trennung gut finden. Es ist schön, wenn Du Dir wünschst, zu Deinem Ex eine gute Beziehung aufrechterhalten zu wollen, und bestimmt wird Dir das auch gelingen. Aber dies ist eine besondere Zeit, in der Du alles neu erschaffen kannst, und Du musst Dir darüber klar werden, dass das Leben auch ohne ihn/sie weitergeht. Auch wenn ein Ehepartner vom anderen eine Zeit lang finanziell abhängig ist, darf dieser Partner nicht unterdrückt oder kontrolliert werden, oder das Gefühl haben es zu sein.

Wenn der eine oder beide Partner wieder für eine Weile ins Leben des anderen kommt, ist das zu tolerieren, solange sich beide damit wohlfühlen. Wenn es Dir unangenehm ist, bestimmte Fragen zu beantworten, brauchst Du das wirklich nicht zu tun! Niemand sollte Deine Planung behindern – oder sich auch nur eine Meinung erlauben. Du bist frisch, fängst ein ganz neues Leben an und das gibt Dir frische Energie. Viele Menschen könnten aufgrund ihrer Einmischung und ihrer Kritik Deine Projekte und die Art und Weise, wie Du Deine Zukunft planst, psychologisch behindern. Du trägst Dein neues Leben in Dir. Schütze es gegen alle Eindringlinge und neugierige Menschen.

Sei fröhlich und entfache den Funken allein; warte keinesfalls auf jemanden, der das für Dich übernimmt. Denke daran: Deine Träume und Deine Ziele gehören ganz allein Dir, und wer auch immer in Dein Leben tritt, wird Dir immer mit Vetos, Einschränkungen und Auflagen im Weg stehen. Es gibt keine andere Möglichkeit, als Paar zu leben: Man muss Kompromisse machen! Das Problem ist, dass viele Paare keine gerechte Balance finden, sondern dass ein Partner bevorzugt wird und mehr und mehr Raum für seine Träume und Bequemlichkeit bekommt. Darüber hinaus gibt es Despoten und Egoisten, die für die Erfüllung ihrer Träume wirklich darauf angewiesen sind, ihre Partner zu kontrollieren, weil sie nur dann glücklich sind, wenn der andere keine Rechte mehr hat. Denke darüber nach und gib Dir Zeit – Zeit, Dein Gleichgewicht zu finden, ohne dass Dich jemand stört. Versuche nicht zu sehr, Deinem Gegner zu nahe zu kommen, sei es unter positiven oder negativen Bedingungen. Emotionale Bande sind nicht leicht aufzuheben. Aber das musst Du jetzt tun, zweifellos. Alles andere würde Dir jetzt schaden. Es ist schwierig, in meinem Buch sowohl Männer als auch Frauen anzusprechen, denn es gibt tatsächlich Unterschiede, wie Frauen und Männer mit Problemen umgehen. Wir wollen nicht, dass Reaktionen anderer Deine private und spirituelle Sphäre beinträchtigen. Das heißt, dass Du nicht unter Druck gesetzt werden willst, weil Du sonst explodierst. Es gibt einige Regeln, mit denen das zu verhindern ist:

- **Zieht auseinander.** Währen der Scheidung eine Wohnung zu teilen kann zum reinen Horror werden. Vielleicht kennst Du den Film *Der Rosenkrieg* (1989) mit Michael Douglas, Kathleen Turner und Danny DeVito. Es ist für Menschen, die sich scheiden lassen und ihre Zukunft dementsprechend planen und zeitweise zu Feinden werden, weil ihnen eine gerichtliche Auseinandersetzung bevorsteht, weder normal noch ratsam, unter einem Dach zu leben. Es ist unbedingt nötig, so etwas zu vermeiden. Du brauchst extra viel Stärke, um das Ausmaß an Stress, das solch eine Situation hervorruft, zu meistern.

- **Legt allgemein und gerichtlich akzeptierte Regeln fest, wie viel Zeit Deine oder Dein Ex mit den Kindern verbringt.** Passiert dies nicht, kann der eine oder die andere ständig Ansprüche einbringen, kommen und gehen wie es passt, und in die Privatsphäre des anderen eindringen, was absolut zu vermeiden ist. Etwas anderes ist es, wenn beide Partner eine wunderbare Beziehung haben und über das Wetter, den Vogelzug und Verabredungen mit neuen Partnern reden können, ohne einander zu beleidigen.

- **Sprecht über strittige Themen in der Öffentlichkeit.** Das heißt, verabredet Euch in Cafés oder Restaurants oder in einem Park. Eine fremde, offene und belebte Kulisse wird bei Bedarf dafür sorgen, dass die Diskussion nicht außer Rand und Band gerät.

- Wenn Ihr absolut **keine Kommunikations-probleme** habt und die Scheidung ohne drohenden Konflikt abläuft, gibt es auch keinen Grund, Deinen Ex auf Distanz zu halten, wenn Ihr beide im Prinzip das Gefühl habt, Euch immer noch gern zu sehen und es nicht missen möchtet, mit einander befreundet zu bleiben. Du hast sehr viel Glück, wenn das der Fall ist. Aber bitte stelle sicher, dass auch die andere Seite Eure Beziehung ähnlich einschätzt. Einige Menschen werden nie zugeben, dass sich hinter der Vereinbarung *„Freunde zu bleiben"* die Hoffnung verbirgt, den oder die Ex-Partnerin doch noch zurückzugewinnen. Sei ehrlich zu Dir selbst, und halte, wenn nötig, (noch einmal) Distanz!

- **Begrenze die Anzahl der Telefonate,** indem Du versuchst, verschiedene Gründe zu telefonieren zu sammeln. Jeder Anruf kann Deine Ruhe ernsthaft gefährden, und keiner von Euch beiden braucht noch mehr Stress.

- **Schau Dir Dein Motivationsposter mit Deinen Lebenszielen mindesten einmal am Abend an und beginne, an ihnen zu arbeiten.** Auch wenn Du der Meinung bist, dass Dein Leben vor der Scheidung perfekt war und Du so zufrieden warst, musst Du zugeben, da Du Dich scheiden lässt, dass Du eine Lüge gelebt hast, Du verdienst wahre Liebe und echte Zuneigung von Deinem Lebenspartner.

- **FAIRNESS, RESPEKT UND VERANTWORTUNG muss auf Gegenseitigkeit beruhen.** Erwarte von Deinem Partner nicht, dass er fair ist, wenn Du ihn/sie mit unerfüllbaren Forderungen oder Vorwänden provozierst. Wenn Du Dich im Recht fühlst und eine unangemessene Reaktion bekommst, solltest Du überlegen, ob Du die Sache nicht Deinem Anwalt übergibst oder Deinen besten Freund konsultierst, um zu hinterfragen, ob Deine Forderungen wirklich gerecht oder nur egoistisch sind.

Verantwortung ist eines meiner Lieblingsworte, denn wenn Du Dich um alles gekümmert hast, was Deine Aufgabe ist, bist Du sehr zufrieden und gelassen. Zusammen zu sein beinhaltet, dass man einige gemeinsame Lebensprojekte verfolgt, Veränderungen macht und Verzicht übt (das beinhaltet Karrierepläne, Familienplanung, Träume, wo man leben möchte etc.). Noch mehr Anpassung und Kompromisse sind nötig, wenn Nachwuchs kommt (wie immer, falls das der Fall ist). Eine Scheidung darf sich nicht für die Schwächsten in ein Drama verwandeln, und hier spielt Verantwortung eine große Rolle. Ich will keine Predigt halten. Ich glaube, es wird klar, was ich meine.

Die Freude, die Du von Herzen spürst, macht dank Deiner neuen positiven Haltung jeden Schritt leichter. Es wird auch leichter, denjenigen den Rücken zu kehren, die sich nicht korrekt verhalten haben. Ich habe einfach die Freunde meines Ex, die sich nicht fair oder kalt-neutral verhalten haben, aus meinem Gedächtnis gestrichen. Es gibt viele wirklich gute Menschen, die erstaunt sein werden, wenn Du ihnen sagst, dass Du geschieden bist, oder dass Deine Scheidung läuft. Es gibt andere, denen Dein Ex mit der Scheidung einen Gefallen getan hat, und ihre Loyalität führt dazu, dass sie sich besonders komisch benehmen. Das verstehe ich. Und jeder muss verstehen, dass es jetzt an der Zeit ist, in Deinem Leben für ORDNUNG zu sorgen: sauber, schlicht, einfach und optimiert – das sind Deine Schlagworte. Du musst Deine Nerven nicht noch länger einem Test unterziehen. Um Dich herum brauchst Du keine Menschen, die nicht zu Deinem Team gehören. Du kannst auch alleine oder mit Deinen Freunden spielen. Radiere alle diejenigen, die nur da sind, um Dich auszuspionieren, Dich zu kritisieren, zu manipulieren oder Dich zu reizen, aus Deinem Adressbuch und verbanne sie aus Facebook. Du darfst Dich nicht aus der Fassung bringen lassen, meine Liebe oder mein Lieber, Du sollst GLÜCKLICH sein.

WORAUF MAN BEI DER SUCHE EINEN SCHEIDUNGSANWALT ACHTEN SOLLTE, UND WIE ES WEITERGEHT

Der gute Anwalt ist nicht der Mann, der alles von allen Seiten betrachtet und
alle Eventualitäten bedenkt und allen seinen Qualifikationen gerecht wird,
sondern der sich auf Deine Seite mit so viel Verve stellt, dass er Dich aus den
Schwierigkeiten herausbringt.

Ralph Waldo Emerson (1803 – 1882)

Autor, Essayist, Philosoph

Die Gerichtskosten einer Scheidung berechnen sich nach dem Gerichtskostengesetz, während die Anwaltskosten nach dem seit dem 01.07.2004 geltenden Rechtsanwaltsvergütungsgesetz RVG - http://www.gesetze-im-internet.de/rvg/ richten. Aber von enormen Raum und Pufferzonen profitieren die Rechtsanwälte in ihren Rechnungen außerhalb des RVGs. Sie können auch pro Stunde arbeiten (immer nachfragen, das kann sehr teuer sein), *Services* berechnen, die keiner angefragt hat, oder für nötig hält (z.B. Diktate ihrer eigenen Notizen) usw. Fazit: Die Gebühren für genau die gleiche Scheidung können enorm unterschiedlich sein, je nach Scheidungsanwalt. Spezielle Probleme der Scheidung, die nicht durch die normale Mediation der Rechtsanwälte zwischen den Partien gelöst werden, werden einzeln vor Gericht behandelt. Das bedeutet, dass Du ein neues Mandat z.B. für Unterhalt oder für das Sorgerecht unterschreiben und NEUE Rechtsanwaltsgebühren und Gerichtskosten bezahlen musst. Ratsam wäre, sich so viel wie möglich außergerichtlich zu einigen, weil vorgerichtliche Probleme zwischen den Ehegatten, neue Reisen in die Malediven für die Rechtsanwälte bedeuten.

Vielleicht hast Du sogar Anspruch auf Verfahrenskostenhilfe, und somit werden Anwaltsgebühren und Gerichtskosten von der Staatskasse übernommen. Die Kriterien dafür basieren ausschließlich auf einem geringen Einkommen. Generell, wenn das 3-fache monatliche Nettoeinkommen beider Ehegatten einen Betrag i. H. v. € 4.000 nicht übersteigt und kein Vermögen vorhanden ist, kann Anspruch auf Verfahrenskostenhilfe bestehen. Sprich darüber mit Deinen Rechtsanwälten, damit sie den Antrag formulieren.

Wenn Du ein reicher Geschäftsmann bist, wirst Du vielleicht in der Lage sein, den besten Anwalt auf dem Markt zu engagieren und bist bereit, ein Vermögen auszugeben, um die Sache binnen kürzester Frist erledigt zu haben, damit Du weiter ungestört Deinen Reichtum vermehren kannst.

Im Gegensatz dazu gibt es diejenigen, die sich an *Scheidung online* wenden müssen, weil ihre finanziellen Mittel begrenzt sind, und sie den günstigsten Anwalt finden müssen.

Schaue nicht in die Gelben Seiten oder andere Telefonbücher, um Dir jemanden auszusuchen, dessen Name nett klingt, der das richtige Geschlecht hat oder mit einer zweispaltigen Anzeige wirbt. Frage Deine Freunde und deren Freunde, ob sie Dir jemanden empfehlen können, der sich als Scheidungsanwalt bewährt hat (das heißt, als Anwalt, der auf Familienrecht spezialisiert ist. Bitte beauftrage keinen *Generalisten* oder jemanden, der etwas anderes als Familienrecht als Schwerpunkt hat!).

Am besten fragst Du jemanden, der regelmäßig mit Familienanwälten zu tun hat; sie können Dir aufgrund ihrer Erfahrung sagen, wer der Beste ist. Richter, Urkundsbeamte und Rechtsanwaltsgehilfen, beispielsweise. Lies das Zitat zu Beginn des Kapitels sorgfältig.

Am Ende besteht immer die Möglichkeit, *trotz Empfehlungen und Vorsicht,* Pech zu haben und an einen ungünstigen *(in jeder Hinsicht)* Rechtsanwalt zu geraten. Wir versuchen nur das Risiko zu minimieren!

WAS EIN GUTER SCHEIDUNGSANWALT AN ERSTER STELLE FÜR DICH TUN KÖNNEN MUSS

Nach der Kontaktaufnahme wirst Du gebeten, detailliert Auskunft über Dich, Deine oder Deinen Ex, Eure Kinder, Euren Wohnsitz, Euer Eigentum und die finanzielle Situation beider Ehepartner zu geben, jeder gute Scheidungsanwalt muss in der Lage sein, dafür zu sorgen, dass Deine Nervosität nachlässt, dass Du Dich beruhigst (solltest Du gestresst sein, was für die meisten zutrifft – auch die Reichsten und die Selbstbewusstesten!) **und er muss Dir deutlich die besten** Optionen und Maßnahmen aufzeigen (sowohl vor Gericht als auch außergerichtlich), um Deine Rechte und Interessen zu wahren, dazu gehören (wo zutreffend):

- Ehegattenunterhalt

- Kinder: Unterhalt, Sorgerecht, Zeiten und Verantwortung, Krankenversicherung

- Pensionen

- Ehevertrag

- Kranken- und Pflegeversicherung

- Erbschaften während der Ehe, Vermögenausteilung (Sparguthaben, Aktien, Fonds und Bankguthaben, Immobilien, Autos, Möbel, etc.)

- weitere gemeinsame Güter und Rechte (wer bekommt z.B die Haustiere und kümmert sich um sie).

Ein guter Anwalt muss außerdem in der Lage sein, Dir die Fakten und unsicheren Aspekte aufzuzeigen, ohne Dir Hoffnungen zu machen oder Erwartungen zu schüren (indem er ungesicherte und verfrühte Voraussagen trifft), was gemeinsame Güter angeht, die vom Gericht geschätzt werden oder mit Deiner oder Deinem Ex zu Streitigkeiten führen können. Du willst Deine Zukunft nicht auf unsicherem Boden planen. Frage also Deinen Anwalt oder die Anwältin immer wieder, ob seine oder ihre Aussagen auf Fakten oder auf optimistischen oder pessimistischen Einschätzungen beruhen. Das ist wirklich extrem wichtig, um Enttäuschungen vorzubeugen, was das Ergebnis des Scheidungsprozesses angeht. Es wird Dich davor schützen, Situationen als Niederlage zu sehen, die von vornherein nicht so angelegt waren. Zum Beispiel: Dein Anwalt erzählt Dir, dass Du das Recht auf eine bestimmte Summe als Unterhalt für Dich und Deine Kinder hast, und diese Summe ist am Ende sehr viel geringer als vorgestellt, was dazu führt, dass Du all Deine Pläne überdenken musst.

De facto sind Scheidungsanwälte in Deutschland *generell* nicht begeistert, ein Dialog mit dem Klienten zu führen. Viele werden auch von den einfachsten Fragen irritiert, und verstehen sie als eine Einmischung in ihre Arbeit, auch wenn auf ihrem Tisch Dein Leben, Deine Zukunft, Deine Kinder sind, und Du das Recht hast, Beraten zu werden, insbesondere, nachdem Du sie sehr gut im Voraus bezahlt hast. Das Gesetz in Deutschland steigt nicht gerne in die privaten Sphären der Ehegatten ein, und das hilft der Scheidungsindustrie, fast alle Prozesse *maschinell* zu verarbeiten. Das Motiv der Scheidung interessiert keinen, weder das Gericht noch Rechtsanwälte. Jeder, der es wünscht, kann die Scheidung beantragen und kann nach einem Jahr, wenn keine Hindernisse bestehen, die die bürokratische Maschinerie langsamer machen, geschieden sein.

Jeder wird automatisch davon ausgehen, dass ein Anwalt seinen Lebensunterhalt damit verdient, sich für seine Mandanten einzusetzen. Aber das ist in der Tat sehr naiv. Genauso wenig ist es möglich, die Gedanken der Person, die vor Dir sitzt, zu lesen, um auf den ersten Blick zu erkennen, ob er/sie ein guter Anwalt ist. Jedenfalls hilft es sehr, zumindest über die Pflichten eines Anwalts Bescheid zu wissen, um diejenigen auszuschließen, die nichts taugen.

Gemeinhin gelten Anwälte als Rettungsanker – wie auch immer Dein Fall gelagert sein mag – kann ein Scheidungsanwalt wirklich Deinen zukünftigen Lebensstil beeinflussen. Er/sie hat enorme Macht, denn die Gesetze sind nicht immer präzise oder können nicht einfach umgangen werden. Meistens besteht der Hauptteil der Arbeit aus Papierkram, die hinter den Türen eines Gerichts von Beamten erledigt wird, die nichts von Deinem vorherigen Leben wissen, ob als guter Ehemann oder als hingebungsvolle Ehefrau. Alles, was sie sehen, sind Zahlen und Formulare, und Kontoauszüge. Daher wirst Du sicherlich (mal wieder) denken, dass Dich ein kompetenter Profi mit viel Berufserfahrung *„aus den Schwierigkeiten herausholt“*. Auch ein naiver Gedanke!

EIN ANWALT KANN „FÜR" ODER „GEGEN" DICH ARBEITEN. SO VERHÄLT ES SICH …

Ein Anwalt kann wirklich wichtige Veränderungen bewirken, indem er sich <u>dafür</u> oder <u>dagegen</u> entscheidet, *für* Dich zu arbeiten. Es gibt außerdem so viele verschiedene Arten von Anwälten, wie es Menschen gibt. Nur einige Beispiele:

- **Der Aktive.**

- **Der Passive** – Er wird nichts tun oder weniger als nötig, und das kommt dem gleich, gegen Dich zu arbeiten. Du stehst vor den Angriffen des Anwalts Deines Ex schutzlos da, wie ein Huhn in der Prärie, über das die Adler kreisen.

- **Der Halsabschneider** – Du bist seine Goldmine.

- **Die Mutter Theresa von Kalkutta** – Das ist die sehr sehr seltene Art, das muss ich sagen. Ihre Mission ist, Menschen zu helfen, ihre Rechte zu schützen und sie akzeptieren jeden Mandanten, auch den Außenseiter.

- **Der Teilzeit-Anwalt** – Es sind alleinstehende Mütter und Väter oder sehr alte Anwälte, oder die, die zwei Berufe haben; einen für das Geld, also Anwalt sein, und einen anderen, in dem sie gut sind, Sänger, zum Beispiel. Sie bearbeiten Deinen Fall als Routine, auch wenn er *sehr speziell* ist und unbedingt mehr Zeit und Arbeit braucht. Sie hassen jegliche Komplikation, und alles, was passiert, ist *normal*, das heißt, Du brauchst Dir keine Sorgen zu machen. Du persönlich zahlst allerdings für die Konsequenzen ihrer *Leichtigkeit des Seins*, und diese Konsequenzen können ernst sein, sowohl finanziell als auch psychisch.

Der berühmte TOP/Promi-Anwalt – *Immer ein Gewinner* lautet sein Motto. Es ist der echte WOW-Anwalt, der alle (das Gericht, Deinen Gegner, Dich) vollkommen sprachlos macht. Er ist brillant und berühmt, und will es auch bleiben. Die meisten der großen, der Top-Anwälte, die auch das größte Honorar bekommen, beschäftigen Teams von Anwälten und Studenten. Daher erzielen sie so gute Ergebnisse, weil sie mehr Leute, die effektiv und schnell arbeiten, an einen Fall setzen. Dann kontrollieren sie deren Ergebnisse und sind bei Beratungen und Gerichtsterminen dabei. So will man es eigentlich haben! Wenn Du ihn Dir leisten kannst, dann Glückwunsch!

FÜR – Ein Anwalt, der für Dich arbeitet, der Dir zur Seite steht, sich für Deine Sache ins Zeug legt und wie eine Löwenmutter für Dich kämpft.

GEGEN – Ein Anwalt, der gegen Dich arbeitet, der einfach seine Rechtsanwaltsgehilfen den Papierkram erledigen lässt und der schließlich für Dich keine besonders angemessenen Trennungs- und Scheidungskonditionen erstreitet, sodass Dein Gegner nicht reagieren wird und der Fall geschlossen wird, bevor es zum Kampf kommt.

GEGEN – Ein anderer Weg, gegen Dich zu arbeiten, besteht darin, dass er eine Runde Anzahl von unbegründeten Forderungen gegen Deinen Gegner (Deinen oder Deine Ex) abschießt, sodass es eine logische Folge ist, vor Gericht zu ziehen, um Deine Rechte zu verteidigen. Das Scheidungsverfahren wird komplizierter und dauert länger und ist ermüdender, und während Du wortwörtlich verrückt wirst bei dem Gedanken an Horrorkorrespondenz, Termine, Dokumentationen, Beweise und Belege, die beigebracht werden müssen, bist Du zum Feind oder Feindin Deines oder Deiner Ex und Eurer Kinder geworden (wenn Ihr welche habt und sie bei Deinem Ex leben). Dein Anwalt schreibt Dir mehr Rechnungen, und abgesehen von den Gerichtskosten, ist seine Arbeit ohne Not riesig (also *aufgeblasen*) geworden, und am Ende hast Du durch diese Strategie nichts gewonnen.

GEGEN – Bitte höre aufmerksam zu, was ich jetzt sage: Ein Anwalt ist ein Mann oder eine Frau, weder ein Gott noch eine Göttin, sie haben einen bestimmten sozialen, kulturellen und finanziellen Hintergrund. Ein Anwalt kann aufgrund seiner Vorurteile für oder gegen Dich arbeiten. Das bedeutet, dass Du möglicherweise nicht ganz gerecht behandelt wirst. Das ist nicht gut und schwierig zu akzeptieren, aber manchmal ist es so; und ich versuche nur, Dir die Augen für subtile Aspekte zu öffnen, die Du auch allein bemerken könntest, nur unter Enttäuschungen und großem finanziellen Verlust.

Einige Scheidungsanwälte würden vielleicht lieber für Deinen Ex arbeiten als für Dich. Das kann passieren, wenn er/sie ein Promi ist, oder weil er/sie im Kartenverkauf von Bayern München oder dem HSV arbeitet; oder weil Du einen Migrationshintergrund hast; oder weil Du eine andere Hautfarbe hast; oder weil Dein Anwalt männlich und ein kleiner Sexist ist und Du bist eine Frau oder umgekehrt; oder weil Dein Anwalt als Kind seine Lehrer gehasst hat und Du bist Lehrerin; oder weil Du Tätowierungen hast; oder weil Du nicht besonders gepflegt aussiehst; oder Du hast Übergewicht und Deine Anwältin Sportfanatikerin und Mitglied in drei verschiedenen Fitnessstudios ist; oder Du hast schöne grüne Katzenaugen, die Deine Anwältin an ihren Ex erinnern und so weiter … Nur eine Menge Geld von Deiner Seite kann Sie dazu bringen, all ihre Vorurteile zu vergessen. Außerdem werden Deine grünen Katzenaugen unglaublich viel hübscher aussehen.

GEGEN – Genau wie Mediziner, haben Scheidungsanwälte ein dickes Fell entwickelt, was jede Art von menschlichem Fehlverhalten angeht. Die Geschichte Deines Märtyrertums und all die Schmerzen, die dazugehörten sind irrelevant … oder fast irrelevant … oder nur relevant, in dem Maße, in dem der Anwalt sie für relevant hält. In diesem Fall lässt sich der Anwalt dazu hinab, Deine Geschichte anzuhören (sie seien Anwälte, sagen sie, weder Psychologen noch

Sozialarbeiter), und wenn, dann werden sie nicht wirklich teilnahmsvoll sein. Die Anwälte, die auf persönliche Geschichten allergisch reagieren, sehen Dich eher als Brieftasche als als Person, sie können schnell nervös und ungeduldig werden, während Du Dein „*Bla Bla Bla*" ablieferst. Diese Rechtsbeistände nehmen Dein Geld aber erreichen kaum etwas.

GEGEN – Dir kann auch viel echte oder vorgetäuschte Sympathie entgegengebracht werden, besonders, wenn die Kanzlei dringend neue Mandate braucht und es nicht erwarten kann, Dich dazuzuzählen. Das bedeutet aber nicht, dass Dein Fall von dem Seniorpartner betreut wird, nachdem die Kanzlei benannt wurde, und der Dich in die wunderschönen Büroräume mit den Marmorsäulen und Statuen von Eros und Psyche gelockt hat. Meistens fragen sie Dich gar nicht, und schwubbs – landet Deine Akte auf dem Tisch des jüngsten Anwalts in der Kanzlei, der sich noch nicht entschieden hat, ob er lieber Familien- oder Verkehrsrecht machen möchte. Willst Du daher von einem bestimmten Anwalt vertreten werden, musst Du direkt nach ihm oder ihr fragen. Hast Du einen Termin mit Herrn Senior oder mit Frau Beste Anwältin und Du wirst dem jüngsten Angestellten wie oben vorgestellt, entschuldige Dich, denn Du musst eben mal hinausgehen, gehe zum Empfang und frage nach, warum Du einen Termin beim Seniorpartner bekommen hast und jetzt eine andere Person Deinen Fall übernimmt. Was auch immer die Erklärung sein mag, Du kannst den Termin absagen und einen neuen machen. Bitte kläre ab, ob Du für diesen Termin, den Du absagst, zahlen musst, und bestehe darauf, dass Du einen Termin mit Herrn Senior oder Frau Beste Anwältin hattest. Dann hake nach, ob es einen Preisunterschied gibt, denn es kann einen großen Unterschied machen, ob Du mit einem Seniorpartner zu tun hast oder mit einem jungen Kollegen. Kontrolliere, welche Namen auf der Vollmacht stehen, bevor Du unterzeichnest.

SCHEIDUNG ONLINE

Sie beanspruchen für sich, aus der Distanz zu arbeiten. Und meistens stimmt das auch! Aber es passiert auch, dass sie Dir, nachdem Du Dich registriert hast, anbieten, dass ein Anwalt zu Dir nach Hause kommt. Das kann man für begrüßenswert halten; immerhin ... kannst Du Deinen Anwalt persönlich kennenlernen, ohne aus dem Haus zu gehen! Das hört sich toll an! Einige werden das Angebot annehmen, ohne an die Konsequenzen zu denken. Die bestehen darin, dass man für die Fahrtzeit und –kosten aufkommen muss. Wenn sie mit dem Zug, Flugzeug oder Bus kommen, musst Du die Kosten tragen, ebenso für eine Hotelübernachtung (falls sie anfällt) sowie für die Dauer der Reise. Nicht immer bekommt man vorab eine Preisliste mit diesen Extrakosten zu sehen, die auch den Stundensatz für die Beratung enthält. Die meisten dieser Kosten sind versteckt, wenn Du also einen Auftrag (manchmal wird das anders genannt, aber es ist das Dokument, das besagt, dass Du sie mit Deiner Scheidung beauftragst) unterschreibst, hast Du vielleicht keine Ahnung, welche Kosten auf Dich zukommen, wenn Du Deinen Anwalt persönlich treffen möchtest. Online-Scheidungen haben nur begrenzte Anwendungsfelder, daher funktionieren sie nur für diejenigen, die nur minimale oder keine Ansprüche an ihre ehemaligen Lebenspartner haben. In komplizierteren Scheidungsfällen ist es manchmal unabdingbar, sich zu treffen (das betrifft beide Partner und ihre Anwälte), um im gegenseitigen Einvernehmen Regelungen für gemeinsames Eigentum, Kinder oder beides zu treffen. Internet-Konferenzen sind auch eine gute Möglichkeit, Deinen Online-Scheidungsanwalt zu sprechen. Am Ende ist das Konzept von Online-Scheidungen intelligent, bequem und billiger; diese Anwälte müssen keine großen Kosten bewältigen, um eine reale Kanzlei tragen zu können (was normalerweise bedeutet,

ein schönes Büro in einem schönen Gebäude mit netten Empfangs-
damen zu haben).

- **Lass Dich nicht von vermeintlicher Qualität blenden.** Nachdem Du ein oder mehrere Anwälte gefunden hast, suche online
nach Reaktionen und Rezensionen in den großen Suchmaschinen
und Gruppen. Suche nach aktuellen Informationen. Die Rezensionen können falsch sein, beispielsweise, wenn nicht angegeben ist,
von wem sie stammen oder wenn sie übertrieben positiv sind – das
kann zwar zutreffen, aber suche weiter und schaue, ob das bestätigt
wird; oder sie werden häufiger auf verschiedenen Webseiten, in
Gruppen, Foren etc. zitiert.

- **Frage nach der Preisliste für Online- und Offline-Dienstleis-
tungen.** Wenn Dir ein Vertrag zugeschickt wird, der Dich an ein
Paket von Leistungen bindet, die Du gar nicht brauchst, dann suche nach einem anderen Paket, das speziell auf Deine Bedürfnisse
zutrifft.

- **Zahle ausschließlich auf geprüfte Weise** – das heißt, zahle nur
auf eine Weise, die Dir erlaubt, möglicherweise die Zahlung rückgängig zu machen oder eine Rückerstattung zu bekommen, falls
die Dienstleistung nicht oder nicht in vollem Umfang geliefert
wurde.

- **Mache immer eine Kopie der Unterlagen,** die Du mit der Post
schickst.

- **Kontrolliere, was die Anwälte tun.** Notiere Dir alle Fristen (man
muss Dir sagen, wie die Fristen jeweils lauten), bitte nach deren
Verstreichen um den Stand der Dinge. Das trifft auch für *physische*
Anwälte zu.

SO ARBEITET DEINER SCHEIDUNGSANWALT EFFIZIENTER

Du bist jetzt orientiert darüber, wie Dinge ablaufen, und was Du bedenken musst, bevor Du eine Vollmacht unterschreibst; Du kannst sie später zurückziehen, solltest Du feststellen, dass Dein Scheidungsanwalt seine Arbeit nicht ordentlich macht. Dies ist allerdings nicht ratsam, weil es die Kosten verdoppeln könnte und großen mentalen Stress bedeutet (Du musst Deine Situation noch mal ganz von vorn erklären). Daher ist es ratsam, sich bei der Recherche mehr Zeit zu-lassen und den Anwalt sorgfältig auszuwählen.

Du kannst nicht in den Kopf Deines Anwalts gucken und sehen, ob er der richtige ist. Aber es wird helfen, etwas zu seiner Effizienz beizutragen. Du bist in der Position, seine Haltung zu Deinem Fall positiv zu beeinflussen, sodass er engagierter und effektiver für Dich arbeitet. Bedenke, dass Anwälte auch nur Menschen sind und manch-mal motiviert werden müssen! Daher kommt hier die Liste mit …

- **Bereite zu Hause eine Liste mit Fragen vor, die Du ihm oder ihr stellen willst.** Sie folgt den Kriterien, die im ersten Abschnitt dieses Kapitels genannt sind. Sie wird dabei helfen herauszufinden, ob er/sie sich um all Deine Interessen kümmern wird.

- **Achte auf eine gepflegte äußere Erscheinung,** dazu gehört sau-bere und ordentliche Kleidung (siehe auch das Kapitel über die äu-ßere Erscheinung).

- **Welche negativen Faktoren können einen Einfluss auf Eure Treffen haben und versuche sie zu beseitigen,** oder versuche, sie bei dem Termin zu überspielen. Beispiel: Du bist ein Mann mit zwei Kindern, der sich scheiden lässt, weil Du herausgefunden

189

hast, dass Du schwul bist und gern rosafarbene Kleidung und Stöckel trägst. Bitte lasse Deine Pumps zu Hause und trage etwas, das Männer normalerweise tragen, wenn Du nicht riskieren möchtest, dass der Termin und die Verhandlung mit Deinem Anwalt beeinträchtigt werden, weil Dein Anwalt einige kleinere Vorurteile gegen Homosexuelle und Transvestiten hegt. Vielleicht denkst Du: *„Dann lieber nicht den als Anwalt!"* Dann ist es in Ordnung. Ein anderes Beispiel: Du lässt Dich scheiden, weil Du deine dreiundzwanzig Papageien zu Hause frei fliegen lassen willst, und Dein Ex akzeptiert das nicht. Bringe keinen der Vögel in die Kanzlei mit, denn Deine Anwältin könnte gegen Federn allergisch sein und Dein Verhalten ein wenig zu *originell* für ihren Geschmack halten und sich weigern, Dich zu vertreten. Ja, Anwälte können Mandanten abweisen!

- **Stelle eine Situation nie schlimmer dar, als sie ist.** Er/sie könnte sich überfordert und sich nicht in der Lage fühlen, Dir helfen zu können.

- **Sei so knapp und präzise wie möglich, wenn Du Deine Geschichte erzählst.** Es interessiert sie nicht, ob Dein Siebenjähriger gerade seine Milchzähne verliert.

- **Vertraue Deinem Anwalt und bleibe dabei, solange er Dein Vertrauen verdient.** Du weißt schon präziser, wie Dein Anwalt Dir helfen sollte. Es ist sehr wichtig, dass Du ihm/ihr die Probleme überlässt (die mit der Scheidungsverfahren zu tun haben), für deren Lösung ein Anwalt ausgebildet ist. Und es ist für Deinen Anwalt wichtig, dass Du ihm/ihr vertraust. Das motiviert.

- **Sei immer freundlich**; Dein Anwalt arbeitet zwar für Dich, ist aber nicht Dein Sklave.

- **Respektiere die Privatsphäre Deines Anwalts und rufe ihn nicht mitten in der Nacht an** (sollte es Dir gelungen sein, an seine Privatnummer zu kommen) oder rufe nicht zu häufig an. Bist Du kurz davor, anzurufen, denke noch ein zweites Mal darüber nach, ob ein guter Grund vorliegt, oder ob Du die Frage auf Euer nächstes Treffen verschieben kannst. Du kannst vielleicht Deine Frage auch kurz in einem E-Mail oder Fax zusammenfassen, damit hat Dein Anwalt genügend Zeit, sich eine Antwort zu überlegen und effektiv darauf zu reagieren.

- **Denke nicht, dass Dein Anwalt Deine psychologischen Probleme lösen kann**. Es ist schön, wenn Dein Anwalt herzlich ist, aber wie häufig Du am Tag weinst, weil Du Dich an die alte Zeit erinnerst, das gehört nicht in den Bereich eines Anwalts.

- **Lass Deinen Anwalt über den Fortgang der Dinge dich berichten.**

- **Bitte Deinen Anwalt, Dir Kopien von der Korrespondenz (auch der Gegenseite) und Vorwürfen** zu senden. Trotzdem, ist es manchmal bequemer, wenn Dein juristischer Vertreter sich um Deine Interessen und Rechte kümmert, und Du nur angerufen wirst, wenn es nötig ist. Das spart Dir eine Menge Energie, die Du darauf verwenden kannst, Deine Ziele zu verfolgen.

- **Zahle die Anwaltsrechnungen pünktlich, wenn sie korrekt sind.** Unbezahlte Rechnungen machen jeden nervös, und Du willst nicht, dass dies auch noch zu Deinem Scheidungsverfahren negativ beiträgt. Auf der anderen Seite, wenn Du abwartest, die Rechnung zu begleichen, weil Du nicht verstehst, was Du da jetzt bezahlst, weil die Summe zu hoch ist für das, was Du an Leistung erhalten hast, **kannst Du Deine Fragen direkt mit der Buchhaltung der Kanzlei oder dem Anwalt persönlich klären.**

Das kannst Du telefonisch oder beim nächsten Treffen machen; sollte Dich die Antwort nicht überzeugen, kannst Du Dich an die Anwaltskammer wenden, die es in Deiner Stadt oder in Deinem Bezirk gibt, und sie um eine Meinung oder um Hilfe zu bitten, falls es nötig sein sollte.

- **Sorge dafür, dass Dein Familienanwalt die Unterlagen pünktlich bekommt, die er/sie gelegentlich braucht,** damit die Maschinerie nicht ausgebremst wird, weil ein Dokument fehlt. Manchmal musst Du dafür viele Jahre zum Beginn Deiner Ehe zurückgehen. Es ist zum Teil harte Arbeit, die Nachforschungen anzustellen, weil Du sicherlich nicht alles abgeheftet hast, nach dem Du jetzt gefragt wirst. Leider hängen häufig große Ergebnisse vor Gericht von kleinen Details ab, wo fast jedes Wort *bestätigt* werden muss.

- **Sorge dafür, dass die Beziehung zu Deinem Anwalt rein beruflich bleibt.** Sollte Deine Anwältin eine unglaubliche Blondine mit den längsten Beinen sein, die Du jemals gesehen hast, lass die Hände da, wo sie hingehören, und vergiss es, sie besser kennenzulernen, bis Deine Scheidung abgeschlossen ist. Die kleinste Vermischung von persönlichen Gefühlen und professionellem Umgang kann negative Folgen haben, besonders, wenn es nicht gut läuft.

- **Es ist erlaubt, dass sich die beiden Ehepartner einen Anwalt teilen,** was die 50% der Kosten und Zeit reduziert. Aber das ist nicht immer eine gute Idee, insbesondere wenn der betroffene Anwalt direkt aus dem Bekanntenkreis des einen Partners stammt, oder von ihm vorgeschlagen wird. Beispiel: Der Anwalt spielt einmal in der Woche mit Deinem Ex Golf! Insbesondere Männer sind in der Lage, ihr Netzwerk an Freunden gut einzusetzen. In diesem Fall kann die Freundschaft zwischen Anwalt und einem Ehepartner wortwörtlich ***den anderen Partner in den Ruin treiben.***

Willst Du sichergehen, dass Du gleichberechtigt behandelt wirst, besorge Dir einen eigenen Anwalt oder sei der- oder diejenige, die den Anwalt engagiert.

Nachdem die Scheidung für gültig erklärt wurde, schreibe Deinem Anwalt jedes Mal oder rufe ihn an, wenn Dein Ex sich nicht an das Gesetz oder an die rechtlichen Übereinkünfte hält, die er/sie unterzeichnet hat, gehe es um Finanzen, Vermögen oder die Kinder. Das kostet immer wieder mehr Geld für neue Mandaten, vielleicht auch für neue gerichtliche Auseinandersetzungen. Sei darauf vorbereitet, dass auch wenn Deine Ehe zu Ende ist, es nicht bedeutet, dass Du nicht noch länger Deinen Ex *ertragen* musst, da er/sie weiter in Deinem Leben aufgrund der genannten Umstände existiert. Vermeide Unstimmigkeiten auf alle Fälle, insbesondere, wenn Eure Kinder noch klein sind!

Ich möchte dieses Kapitel beschließen, indem ich Dir wirklich den besten Scheidungsanwalt aller Zeiten wünsche. Sie geben wirklich den Ausschlag hinsichtlich der Qualität Deiner Scheidungserfahrung. Ein guter Anwalt wird Dir viele negative Gedanken und Sorgen nehmen, und damit extreme Reaktionen verhindern, die normalerweise auf das Gefühl zurückzuführen sind, dass Du Dich alleingelassen bist und Verpflichtungen und Sorgen ungeschützt ausgeliefert bist. Sobald Du feststellst, dass Dein Rechtsanwalt gut ist, musst Du Dich entspannen, ihm/ihr vertrauen und ihn/sie für Dich arbeiten lassen, während Du an einem glücklicheren Leben arbeitest.

JEMAND NEUES FINDEN

*Ehe ist der Triumph von Vorstellungsgabe über Intelligenz. Die zweite Ehe ist
der Triumph von Hoffnung über Erfahrung.*
Samuel Johnson (1709 – 1784)
Autor, Essayist, Poet, Moralphilosoph

Ich nehme nicht an, dass Du im Moment nach einem neuen Ehemann oder einer neuen Ehefrau oder einem neuen Partner suchst.
Aber die Zeit wird kommen, in der Du bereit bist, Dein Herz wieder
jemandem zu öffnen. Bis zu diesem Tag wird niemand, der an Deine
Tür klopft (wie gutaussehend oder reich oder beides er/sie auch sein
mag) für Dich interessant oder gut genug sein, auch wenn Du ernsthaft Schritte in diese Richtung unternimmst, ausgehst und wieder unter Leute gehst. Diese Tatsache bestätigen Untersuchungen. Wenn
Du viele Jahre als *Single in einer Partnerschaft* verbracht hast, und Du
gelernt hast, mit Gefühls- und sexueller Auszehrung und Einsamkeit
zu leben, Deine Bedürfnisse mit Gartenarbeit oder anderen Hobbys
oder Deinem Beruf zu sublimieren, oder Deine Liebe auf humanitäre
Zwecke, und Ehrenämter etc. umzulenken, bist Du jetzt *stärker*, sozusagen, als diejenigen, die absolut das Gefühl haben, sie bräuchten einen Mann oder eine Frau an ihrer Seite, um am Leben und um ein
vollständiger Mensch zu sein.

Es gibt außerdem keinen besonderen Anlass, sich darüber Gedanken zu machen, wie lange Du ohne Sex ausgekommen bist. Wenn
man im Internet recherchiert, findet man heraus, dass viele Paare den
größten Teil ihrer Ehe nicht damit verbracht haben, das Schlafzimmer
einzuheizen. Wenn Du also, kurz gesagt, keinen Drang nach *körperli-
chem Austausch* oder *Herzensnähe* hast, brauchst Du Dich nicht auf die

Suche nach dem verlorenen Paradies zu machen. Das soll allerdings nicht heißen, dass Du weiterhin wunderschöne englische Rosen züchten sollst, anstatt nach einem Wasserbett für Dich und Deinem neuen Liebhaber oder Liebhaberin zu suchen! Offenheit ist zunächst eine Haltung und impliziert nicht unbedingt zielgerichtete Handlungen. Also entspanne Dich bitte, und lies weiter.

DIE SCHEIDUNG KANN DEINE HALTUNG ZUR LIEBE VERÄNDERN

Scheidungsverfahren rufen normalerweise zwei unterschiedliche extreme Reaktionen hervor, wie man das andere Geschlecht wahrnimmt (bzw. *das gleiche Geschlecht*, wenn Du schwul oder lesbisch bist).

1.

Du bist so erschöpft und angeekelt, dass Du Dir kaum vorstellen kannst, jemandem wieder einen Platz neben Dir im Bett einzuräumen. Nein, nein, nein! Weder denkst Du in dieser Phase an schöne Unterwäsche noch an Dein Six-Pack, und siehst auch eher wie ein Bär aus, der sich in seine Höhle zurückzieht, bist der Frühling da ist. Dein Gesichtsausdruck lässt keinen Zweifel: *Bis auf weiteres geschlossen.*

Es ist Angst. Es ist Abscheu. Du bist mit anderen Gedanken beschäftigt. Versuche für kurze Momente jeden Tag, diese Gedanken beiseite zu schieben, um einem positiven Gefühl Platz zu machen — es geht nicht um eine Person, sondern um eine neues Gefühl, das so erfüllend und süß ist, dass alles andere auf die hinteren Plätze verdrängt wird. Sag Dir, dass Du so aufgeregt sein möchtest, dass Du erschauderst und Deine Augen strahlen. Dieses Gefühl ist Liebe und, in Deinem Fall, solltest Du zuerst an Liebe denken, nicht an eine bestimmte Person. Du musst die Liebe lieben, bevor Du Dich dem nächsten Mann oder der nächsten Frau zuwendest. Du musst Dich nach Liebe sehnen, weil es eine wichtige Voraussetzung ist, Dein Herz für neue Begegnungen zu öffnen, oder um einfach zu sehen, dass der Freund/in, der oder die Dir seit Beginn Deiner Scheidung in vielfacher Hinsicht zur Seite gestanden hat, geduldig darauf wartet, dass Du ihn/sie mit anderen Augen siehst. Du musst daran denken, dass Du

Dich nach Liebe verzehrst, denn Liebe ist ein Zauberstab, der alles zu Gold macht – sogar Deine Scheidungsprobleme, solltest Du welche haben. Ich spreche von Liebe, nicht die Liebe zu Deinen Kindern und Deinen Haustieren und Deinen Hobbys, die Du Dir vielleicht bewahrt hast. Es geht um die Liebe, die nur eine bestimmte Person in Dir wachrufen kann, vorausgesetzt, dass Dein Herz offen dafür ist. Du brauchst keine Liebe; Du kannst natürlich mit allem alleine klarkommen. Aber Liebe bringt eine andere Qualität in Dein Leben, gleichgültig, wie lange sie in Deinem Herzen wohnt. Bitte träume daher jeden Abend bevor Du einschläfst davon, Dich neu zu verlieben und lächele, denn vielleicht triffst Du schon am nächsten Tag diese eine Person, die Dir den Schlüssel zu diesem besonderen Glück bringt. Liebe ist Schönheit per se – auch wenn sie nicht erwidert wird. *Einseitige Lieben* sind Thema Tausender Gedichte und Romane. Und dennoch bleibt es Liebe. Selbstverständlich wünsche ich Dir, dass Deine Liebe erwidert wird, aber ich möchte, dass Du verstehst, worauf ich hinaus will.

2.

Auf der anderen Seite kannst Du Dir so verzweifelt Liebe wünschen, so sehr, dass Du schreien möchtest, weil Du Liebe nach der Trennung von Deinem Ex-Partner oder Partnerin so sehr vermisst. Du musst einige unschöne Erfahrungen machen, bis Du Dir über Deine früheren Erfahrungen klar wirst und erkennst, dass Du dafür genauso verantwortlich bist wie für alle anderen Bereiche Deines Lebens. Insbesondere wenn Du Kinder hast, bringt es nichts, jede Woche eine neue Person mit nach Hause zu bringen. Auch Deine Kinder können sich ebenso nach Liebe sehnen und diese Erfahrungen können sich sehr destabilisierend auswirken. Versuche zunächst, Deine Familienmitglieder ein wenig aus Deinem neuen Liebesleben herauszuhalten. Nimm nur die *lieben Freunde* mit nach Hause, denen Du eine reelle Chance zu bleiben einräumst. Bis zu diesem Tag, kannst Du Dich mit allen möglichen verabreden, wenn es Dich glücklich macht, solange Dir klar ist, was Du tust. Es gibt viele Menschen, die ihren Klassenkameraden geheiratet haben und nie mit einem anderen als diesem Partner zusammen gewesen sind. Wenn die Scheidung nicht schon ein Protest gegen genau diese Tatsache ist, kann das Bedürfnis herauszufinden, ob sie etwas im Leben verpasst haben, sehr stark sein. All denjenigen, die sich nach Liebe so sehr sehnen, wünsche ich, dass Ihr den idealen Partner in kurzer Zeit zu fassen bekommt. Du hast den Fragebogen am Anfang beantwortet und hast dann Deine Träume auf dem *Motivationsposter* dargestellt. Konzentriere Dich auf die Dinge, die Du brauchst und freue Dich schon im Voraus, denn Du wirst ganz sicher den Menschen treffen, mit dem Du zusammen sein willst. Glaube an die Fülle von Möglichkeiten, die Du jetzt hast, und empfange die Liebe, wenn sie an Deine Tür klopft.

EINE FRAGE DER ZEIT?

Weil Du scheinbar nie die Zeit hast, die Dinge zu tun, die Du magst, insbesondere da Du jetzt noch mehr Dinge hast, um die Du Dich kümmern musst, wäre es gut, wenn Du einige Mal am Tag **folgende positive Affirmation** wiederholst:

> *„Ich habe reichlich Zeit für mich, und um einen Seelenverwandten zu finden."*

Diese Nachricht wird Dein Unterbewusstsein früher oder später erreichen, sodass Du in einigen Tagen feststellen wirst, dass Du tatsächlich mehr Zeit hast und vielleicht auch mehr Gelegenheit haben wirst, neue Leute kennenzulernen. Gib niemals auf, wenn Du Dir vorgenommen hast, Dich auf etwas zu konzentrieren, das Dein Leben positiv beeinflussen wird. Nur durch Hingabe, Gefühl und Wiederholung funktionieren Affirmationen.

LEITFADEN FÜR INTERNET-DATING

Die Internet-Ära hat neue Wege hervorgebracht, nach seinem Seelenverwandten oder Flirts oder was auch immer jeweils als verführerisch oder angemessen gilt, zu suchen. Das hat auch das Phänomen des Cocooning entstehen lassen, das heißt, das von zu Hause aus alles gemacht wird, vom Arbeiten bis hin zum digitalen Sozialleben.

Internetpioniere (zu denen ich gehöre) haben bisher Aktivitäten am Computer als *virtuell* bezeichnet, im Gegensatz zu physischen Begegnungen, die als *real* definiert wurden. Ich bin erleichtert, dass am Ende der PC und das Internet gemeinhin als nichts anderes angesehen werden als weitere Kommunikationsmittel (wie Telefon oder Fax), und dass die Leute am PC genauso real sind wie ihre digitalen Verhaltensweisen. Dennoch bleibt es dabei, dass diejenigen, die nur als *virtuelle Identitäten* auftreten wollen, dies tun können. Diese Menschen nutzen die Mehrheit aus, die gutmütig und fair ist, sie spielen mit ihnen, als spielten sie ein Videospiel.

Es scheint, dass es einen beachtenswerten Prozentsatz an Beziehungen gibt, darunter auch langwährende Ehen, die durch Internetbekanntschaften und Dating-Foren entstanden sind. Letztere bieten Schwindlern Raum, die Spaß daran haben, dass jemand sich in sie verliebt, aber außerhalb des Chatrooms nicht erreichbar zu sein scheinen. Du weißt nie, wer sich hinter einem Foto verbirgt, oder ob das angegebene Alter mit dem richtigen übereinstimmt etc., bis Du selbst Untersuchungen anstellst oder den- oder diejenige persönlich triffst. Wenn Du davon überzeugt bist, dass dieser Typ oder diese Frau Dich eines Tages glücklich machen wird, setze Fristen! Bekommst Du drei Mal eine Absage, jemanden persönlich kennenzulernen, stelle den Kontakt ein und informiere den Betreiber der Webseite. Insbesondere, wenn Du für den Dienst einer Dating-

Webseite zahlst, musst Du davon ausgehen, dass die Mitglieder dort keine Schwindler sind.

Wähle aus ... Es gibt Dating-Portale, die jedes neues Mitglied intensiv überprüfen und ihre Adressen verifizieren, bevor sie online gehen dürfen; dafür wird mehr Personal gebraucht, und daher sind sie teurer. Andere Webseiten lassen ihren Mitgliedern die Freiheit, das System zu missbrauchen, und bieten keine echte Vorab-Kontrolle an; diese Foren sind billiger oder gratis, sie zahlen ihre Rechnungen, indem dort Werbung geschaltet wird. Wenn Du wirklich online nach einer Verabredung suchst, schaue Dir die zahlreichen unabhängigen Bewertungen an, die es im Internet gibt, bevor Du Dich irgendwo registrierst. Und bevor Du Dich allein mit einem neuen Internet-Date triffst:

- Überprüfe seine Identität.

- Suche in den großen Suchmaschinen und sozialen Netzwerken nach seinem oder ihrem Namen.

- Schaue im Telefonbuch nach.

- Recherchiere die Adresse und den Wohnort der Person auf Webseiten, die möglicherweise eine Satellitenansicht anbieten, sodass Du die Wegbeschreibung abgleichen kannst.

- Verabredet Euch beim ersten Mal an einem belebten Ort.

Die erste Verabredung sollte nie intim werden, denn Du musst sichergehen, dass diese Person wirklich meint, was er/sie sagt. Wir reden hier von jemand Besonderem, nicht von einem Flirt; wenn Du einen Flirt oder Sex suchst, dann ist das okay, aber auch in diesem Fall suche Dir für das Treffen einen Ort aus, der Deiner Verabredung keine Chance lässt, Dich in die Ecke zu drängen, sollte er/sie der Beschreibung ganz und gar nicht entsprechen oder Du an ihm oder ihr kein sexuelles Interesse haben. Bei der ersten Verabredung musst Du in der Situation sein und bleiben, bei Bedarf aufstehen und jemanden um Hilfe bitten zu können, gleichgültig, ob es ums Flirten oder Sex oder eine ernsthafte Beziehung geht.

Eine Scheidung *passiert*, leider, auch älteren Paaren, wenn die Kinder erwachsen sind und mitten im Leben stehen, und nach der Pensionierung werden die Fehler des Partners sogar noch unerträglicher, anstatt zu verschwinden. Die so sehr herbeigesehnte Zeit, ohne Probleme, ohne arbeiten zu müssen und mit mehr Zeit für Freizeit, verwandelt sich in eine Hölle. Denke beispielsweise an diese Paare, wo der eine Partner oder beide völlig in seinem oder ihrem Beruf aufgingen, und nur wenig Zeit als Paar oder Familie miteinander verbracht haben. Es überrascht nicht, dass bestimmte Situationen irgendwann brisant werden, auch in einem Alter, in dem man nicht erwartet, dass einer den anderen verlässt, und dann doch die Ehe zerbricht, weil ein Partner sein Leben zurückhaben will. Für diese älteren Menschen ist das Internet ein wirklich *magisches* Werkzeug, um die Leere zu füllen, die ihre Ex-Partner hinterlassen haben. Nichtsdestotrotz, müssen sich die Älteren gegen diejenigen wappnen, die sich an ihrem Geld oder Besitz bereichern wollen. Jüngere, attraktive Jäger haben die besten Chancen, natürliche Vorbehalte zu durchbrechen. Es gibt außerdem eine Anzahl Dating-Portale, die sich auf „Jüngere suchen Ältere" spezialisiert haben. Viele präsentieren ihr Interesse an reiferen Menschen als ein echtes Bedürfnis nach emotionaler Sicherheit, aber diese gewünschte Sicherheit erweist sich dann als von rein materieller Natur. Hier gilt es aufzupassen. Wenn Du Dir darüber von vornherein bewusst und bereit bist, zu zahlen, dann ist es in Ordnung. Schließlich ist nicht einzusehen, warum Du, insbesondere, wenn Du ein eleganter, selbstbewusster, vermögender Gentleman oder Dame bist, Deine Attraktivität nicht in der Liebesarena einsetzen solltest. Warum nicht, wenn es Dich glücklich und jünger macht? Siehe nur *Playboy*-Gründer Hugh Hefner oder Ivana Trump!

Es gibt Menschen im Internet, die sind 100% real und freuen sich sehr darauf, Dich persönlich kennenzulernen. Allerdings treffen einige von ihnen sieben oder mehr Kandidaten in der Woche. In diesen Portalen findet man sie, Jahr für Jahr für Jahr, immer noch auf der Suche *nach meinem Seelenverwandten für eine längerfristige Beziehung oder Ehe*. Stimmt das? Oder benutzen sie solche Webseiten, um eine Verabredung nach der anderen zu finden? Achte auf den Zeitraum, den jemand schon in dem Portal ist, wie viel Sterne oder andere Bewertungen andere Mitglieder ihm oder ihr gegeben haben. Lies das Profil immer wieder und vergleiche die Informationen aus der Vergangenheit mit aktuellen. Frage ihn oder sie, wie lange sie schon nach einem Partner sucht, ob sie ein langjähriges Mitglied des Forums ist, denke darüber nach, ob Du wirklich einen so alten Fuchs treffen willst.

SPEED DATING UND REISEN FÜR ALLEINERZIEHENDE

Fast jeder weiß, dass Speed Dating auf dem Prinzip basiert, dass wenn Du jemanden in den ersten sieben Minuten nicht sympathisch findest, es nichts gibt, was Euch verbindet. Leider kannte ich dieses Prinzip nicht, als ich meinen Exmann kennenlernte, dem ich viel länger Zeit als sieben Minuten gegeben hatte, um in meinem Herzen Wurzeln zu schlagen, nur um Jahre später herauszufinden, dass wir in der Tat nichts gemeinsam hatten, was uns verbinden würde. Es gibt unterschiedliche Meinungen zum Thema Speed Dating. Meistens sind die Teilnahmekosten solcher Abende gering, manchmal nur zehn Euro, sodass jeder es ausprobieren kann, ohne ein Vermögen auszugeben. Du kannst Veranstaltungsorte von Speed Dating in Deiner Region im Internet finden. Meistens sind dort nicht mehr als zehn Männer und zehn Frauen. Außerdem, gibt es auch Speed Dating für Schwule und Lesben.

Wie läuft es? Man sitzt einander gegenüber und stellt sich Fragen. Du schätzt den oder die andere aufgrund eines Fragebogens ein, den Du zu Beginn erhältst. Nach sieben Minuten klingelt eine Glocke und Du lernst einen anderen Kandidaten kennen. Am Ende erhältst Du die Kontaktdaten der Menschen, an denen Du interessiert bist, und wo es auf Gegenseitigkeit beruht. Diesen Schritt kannst Du online oder direkt vor Ort machen (das hängt von der Methode der jeweiligen Agentur oder des Speed-Dating-Anbieters ab).

Die Kombination von Internet und Speed Dating geht noch dar über hinaus: Im Internet bekommst Du manchmal Fotos und die Profile der Kandidaten, die Du dann zum nächsten Speed-Dating-Abend in Deiner Nähe einladen kannst (das sind meistens Restaurants oder

Gemeindehäuser). Normalerweise findest Du mindestens einen Veranstaltungsort mit Speed Dating im Umkreis von 100 Kilometern (wenn es keinen in Deiner Stadt gibt), es ist also recht leicht, zu solchen Treffen zu gehen. Die Meinungen gehen auseinander: Viele finden diesen Weg nicht nur aufregend und zeitsparend (im Verhältnis zu Dating-Seiten im Internet, wo Du eine Reihe E-Mails und Nachrichten austauscht, bevor man sich von Angesicht zu Angesicht trifft), sondern auch effektiv. Andere haben nicht so positive Eindrücke gewonnen, es sind meistens introvertierte Personen, die wirklich mehr Zeit brauchen, um sich kennenzulernen und um sich von der besten Seite zu zeigen; aus diesem Grund machen ihnen diese kurzen Begegnungen keinen Spaß. Im Wesentlichen, fühlen sie sich gestresst und machen diese Erfahrung meistens nur einmal. Ich glaube, es ist gut, vor Ort nach einem neuen Partner zu suchen, und Speed Dating funktioniert auf lokaler Ebene. Natürlich kannst Du auch zu einem Speed Dating gehen, das weit von Deinem Wohnort entfernt ist, um Deine Möglichkeiten zu erweitern.

Es gibt Agenturen, die sich auf Kurzreisen (meistens nicht länger als eine Woche) **für Alleinerziehende spezialisiert haben.** Das ist toll, denn während sich Singles kennenlernen, spielen die Kinder eine große Rolle bei diesen Reisen, weil sie mitkommen. Diese Reisen sind normalerweise sehr schön und gut organisiert, es gibt sie für alle Geschmäcker und Portemonnaies. Natürlich umfassen sie Aktivitäten für Kinder, damit auch sie Spaß haben, während Du Kontakt zu anderen Eltern knüpfst. Sollte sich Dein Traumkandidat (der oder die Du in Deinem Motivationsposter dargestellt hast) nicht in der Reisegruppe befinden, ist das nicht so schlimm! Am Ende verbringst Du eine gute Zeit mit Deinen Kindern und hast Menschen um Dich herum, auch desselben Geschlechts, die Deine Situation kennen, und die vielleicht später zu Freunden werden können.

Eine gute und erfolgversprechende Art, jemanden kennenzulernen, ist nach Agenturen Ausschau zu halten, die dieselbe Anzahl Männer und Frauen ähnlichen Alters den Reisegruppen zuordnen (damit Du nicht das Risiko eingehst, mit zu vielen älteren oder jüngeren Leuten zu verreisen). Für Schwule und Lesben gibt es auch eine Anzahl Reisebüros, die sich aber häufig auf Singles ohne Kinder spezialisiert haben, weil es bei alleinerziehenden homosexuellen Eltern zu wenig Nachfrage für diese Reisen gibt. Wenn Du Reisen eine gute Idee findest, schaue mit großem Vorlauf (einige Monate bevor Du fahren möchtest) nach Angeboten, damit Du nicht riskierst, dass die Plätze schon ausgebucht sind.

SIND DIE KLASSISCHEN ARTEN JEMANDEN NEUES KENNENZULERNEN FÜR DICH OKAY?

Die alten klassischen Wege, jemanden neues kennenzulernen funktionieren wirklich, wenn Du einen großen Freundeskreis an Deinem Wohnort hast. Beispiele:

> *„Ach, weißt Du, ich habe meinen Freund David eingeladen, später dazuzustoßen; wie Du geht er gerne ins Kino und ins Theater!"*
>
> *„Meine Schwägerin kommt uns über das Wochenende besuchen, und ich dachte, vielleicht wollt ihr zusammen essen gehen … Du weißt ja, wir können wegen der Kinder nicht so gut weg … und sie ist jung!"*

Wenn Du gerade erst in eine neue Stadt umgezogen bist, wirst Du ein Interesse daran haben, neue Freunde kennenzulernen. Alles fängt mit einem Wunsch, einem Traum an. Einige Monate, nachdem ich die Scheidung eingereicht hatte, stellte ich fest, dass mein Freundeskreis recht stark an meinem Ex hing, und dass sie mir das Leben als neuer Single nicht wirklich einfacher machen wollten (die Gründe habe ich in vorigen Kapiteln erklärt). Ich wollte *von ganzem Herzen* neue Leute kennenlernen, besonders Frauen, die mir ähnlich waren, das heißt stark aber nicht dominant, feminin aber nicht übertrieben süß, ernst aber nicht verbissen, sprühend, offen und positiv. Ich muss mit meiner ganzen Energie daran gedacht und es mir gewünscht haben, denn nur eine Woche später fing ich zufällig an, in Situationen, in denen ich allein war, Frauen kennenzulernen; die meisten waren getrennt und ließen sich gerade scheiden. Dann, wenn Du Freunde hast, mit denen

Du ausgehen oder auf die Du zählen kannst, werden früher oder später neue interessante Bekanntschaften auf der Liebesfront auftauchen, *sofern Du wirklich Deinen Seelenverwandten treffen willst* und so Dein Unterbewusstsein für dieses Ziel öffnest.

Idealerweise wird eine Person, die einen neuen Partner sucht, von einer anderen begleitet, die ebenfalls sucht oder sich engagiert, das macht die Sache einfacher. Du bist willens und bereit, eine Liebe zu finden und nun hast Du mehr Zeit, aber niemand ist da, der mit Dir ausgehen kann: Freunde und Kollegen sind alle verheiratet und wollen ihre Partner nicht damit beunruhigen, wenn sie in die Disko oder in Bars gehen; oder sie glauben, dass Diskos und Bars Orte des Verderbens seien, und nicht Gelegenheiten, Menschen kennenzulernen.

Es gibt kulturelle Unterschiede zwischen Nord und Süd, von Region zu Region, zwischen Stadt und Dorf, von Freund zu Freund. Falls Du tatsächlich niemanden finden solltest, der mit Dir ausgeht, ist alleine wegzugehen eine gute Option. Schaue Dich bei Deiner Arbeit oder im Sportverein nach anderen Leuten um, die sich scheiden lassen oder geschieden sind. Beginne Kurse, um ein neues Hobby zu lernen (Tanzen, Sprachen, Heimwerken). Wenn Du Kinder hast, halte nach anderen Alleinerziehenden Ausschau, während Du darauf wartest, dass die Sportstunde Deiner Jüngsten vorbei ist.

Es ist Zeit, langsam anzufangen, positiv über Verabredungen nachzudenken. Denke einfach, dass Du Deinen idealen Kandidaten oder Kandidatin anlockst: den oder diejenige, deren physische und menschliche Faktoren Du auf Deinem Motivationsposter beschrieben hast. Je mehr Du Dich auf ihn/sie konzentrierst, desto mehr wird Dein Unterbewusstsein aufmerksam sein und Hinweise *schicken*. Manchmal triffst Du jemanden, der interessant wirkt, aber Du bist nicht in der Lage, in seine Richtung Gefühle zu entwickeln. Dann höre bitte auf Dein Herz, denn das erste Mal, als ich das nicht tat, habe ich meinem Ex eine zweite Chance gegeben und dann eine dritte und dann noch eine, die alle in einer viel zu lang aufgeschobenen Scheidung endeten.

Denke nicht, Du seist zu *anspruchsvoll* oder, dass Du Kompromisse machen musst. Du hast schon viel zu lange viel zu viele Kompromisse gemacht. Jetzt ist es an der Zeit, dass Du bekommst, was Du wirklich willst, und niemand kann Dir etwas anderes erzählen oder Dich dazu bringen, einen Donut zu essen, wenn Du eigentlich einen Schokoladen Muffin haben willst! Dies ist Dein Leben, und Du führst es nach Deinen eigenen Bedürfnissen und Erwartungen.

EINIGE WICHTIGE DOS AND DON'TS

Es sollte Dir erlaubt sein, jeglichen Weg zu gehen, der Dich glücklich macht, solange Du ethisch handelst und die Rechte anderer respektierst. Du kannst wirklich kreativ sein und nach Deinen Vorstellungen Dingen nachgehen, die Dich zum Lächeln bringen, wenn Du nur daran denkst. Das kannst Du machen, das kannst Du haben, wenn Du es wirklich willst.

Ich gebe Dir dabei einen spirituellen und praktischen Leitfaden an die Hand, um eine glücklich geschiedene Person zu werden. Warum? Weil Glücklichsein, im Prinzip, eine Geisteshaltung ist, und wenn Du nicht nachhilfst, sinken die Chancen, es zu bekommen. Wenn Du Deine Erwartungen hoch ansetzt (was Du tun solltest!) ohne sie mit positiver Haltung und praktischer Umsetzung zu stützen, kommst Du vielleicht nie in die Verlegenheit, dass Deine Träume Wirklichkeit werden. Diese Idee übersetzt in diesem Kapitel bedeutet, dass wenn Du Dein Zuhause nie verlässt, wirst Du Deinen idealen Kandidaten vielleicht nur in Person des Lieferanten, des Postboten oder dem Fahrer, dessen Wagen liegengeblieben ist, kennenlernen. Indem Du beispielsweise Anzeigen (anonym oder personifiziert) in der lokalen Tageszeitung oder in Magazinen aufgibst oder eine Partnervermittlung kontaktierst, könnte das auch helfen. Es hängst wirklich viel davon ab, wo Du lebst. Wenn Du in einem kleinen Dorf auf Helgoland wohnst und alle Bewohner mit Namen kennst, ist eine Internet-Agentur vielleicht die beste Möglichkeit, jemanden kennenzulernen. Ich wiederhole mich: *„Hilf dem Glück, Dir zu helfen!"*

Ich weiß, dass wenn Du Kinder hast, möchtest Du, dass sie einen glücklicheren Vater oder Mutter als jetzt haben. Und vielleicht suchst Du auch jemanden, der Dich als Elternteil unterstützt. Bitte schreib immer in Deine Profile oder Selbstbeschreibungen, dass Du Mutter oder Vater von einem oder fünfen oder wie vielen auch immer bist. Kinder sind nichts, was Du verstecken kannst und es dann beim zehnten Treffen erzählst, weil Du glaubst, dass er/sie so verliebt ist in Dich, dass dieses Detail nicht so wichtig sei. Im Gegenteil! Es gibt Menschen, die etwas gegen Kinder haben. Sie sind nicht familienorientiert und werden es auch nicht werden, auch wenn sie es versuchen können, um Dir einen Gefallen zu tun. Wenn Du also gleich sagst, dass Du alleinerziehend bist, sparst Du viel Zeit, Enttäuschung und sinnlose Streiterei. Auf der anderen Seite gibt es Menschen, die überall auf ihren Profilen Fotos Ihrer Kinder verteilen, und es wird deutlich, dass sie, die Kinder, für diese Menschen das Zentrum des Universums sind. Eine eher ausgeglichene Herangehensweise zeigt die Person allein, und ein Foto, ein einziges, zeigt seine oder ihre Kinder. Sonst wäre die Nachricht an die Leser des Profils, dass der zukünftige Partner nur einen kleinen Platz in der Familie bekommt.

Du solltest nicht das zehnte Treffen abwarten, um chronische und degenerative Krankheiten sowie ernste gesundheitliche Probleme zu erwähnen. Die Person, mit der Du Dich verabredest, hat das Recht, über Aspekte Deiner Gesundheit informiert zu werden, die die Qualität seines oder ihres Lebens in Zukunft beeinflussen könnte, sollte Eure Beziehung gar in einer Ehe enden. Jeder nette, gutmütige, flexible und verständnisvolle Mensch wird ins Schwanken geraten, wenn ihm spät *wichtige Informationen* enthüllt werden, das heißt, wenn man Dinge erfährt, weil das Gegenüber glaubt, die Beziehung sei stark genug, Erdbeben überstehen zu können. Das erweist sich fast immer als falsch: Abgesehen davon, dass es schwer ist die Schwankungen zu bewältigen, beginnt das Gegenüber, sich zu fragen, wie offen und ehrlich der oder die Betreffende im Allgemeinen ist. Eine schwache Basis bedeutet keinen guten Start, was nicht auf eine längerfristige Beziehung hinweist. Daher ist es wichtig, die Menge an Informationen beim ersten Treffen in der Balance zu halten, das betrifft allerdings nicht die wichtigsten Tatsachen: *„Ich bin noch verheiratet"*, *„Ich bin alleinerziehender Vater von vier Kindern"*, *„Ich leide an Diabetes"*, *„Ich bin unfruchtbar"*, etc. Es sind zwei verschiedene Dinge: die Konversation leicht zu gestalten und wichtige Themen zu umgehen. Ich hoffe, Du hast einige davon ausgeräumt, bevor die Beziehung in ein ernsteres Stadium tritt, besonders wenn Ihr Euch aus der Distanz kennt und er/sie Hunderte von Kilometern fliegen muss, um Euch zu sehen. Du musst ehrlich zu Dir und zu Deinem zukünftigen Partner sein. Ich könnte einige Geschichten erzählen, in denen eine Beziehung sehr unschön geendet ist, wofür *späte Enthüllungen* der Grund waren.

Du hast mehr Lebenserfahrung als zu dem Zeitpunkt, als Du Deinen Exmann oder Deine Exfrau kennengelernt hast, und dennoch – abhängig von Deinem Alter und Deiner Lebenssituation – fühlst Du Dich vielleicht ein wenig angerostet, was Flirten und Verabredungen insgesamt angeht. Nun, das geht Tausenden von anderen Leuten auch so! Niemand erwartet von Dir, dass Du den Charme, das Aussehen und das Selbstbewusstsein von James Bond oder Rihanna hast. Ich wäre sehr froh, wenn Du die Tipps im Kapitel zum Thema Aussehen beherzigst; und nachdem Du kurz überprüft hast, wie Du aussiehst und das verbessert hast, was zu verbessern war, brauchst Du Dir eigentlich über nichts weiter Sorgen zu machen. Bleib einfach Du selbst.

Frage Deine Verabredung immer nach ihrem oder seinem Job! Männer und Frauen reden immer gern über ihre Projekte und Kollegen. Das Thema ist wirklich umfassend genug, um auch noch viele andere Themengebiete unterzubringen. Außerdem wird Deine Verabredung denken, dass Du wirklich interessiert bist. Frage auch nach Kindern (falls vorhanden) und Hobbys.

Wenn Du anfängst, mit jemandem auszugehen, versuche, das Treffen *leicht und frisch* (wie bereits angedeutet) zu halten; erzähle nicht die ganze schwierige, trübsinnige Geschichte Deiner Scheidung, die Schlammschlacht, indem Du in jedes Detail und jede Sorge einsteigst

– da würde auch ein Heiliger nach zehn Minuten wegrennen. Du suchst einen oder eine Geliebte und einen Partner, keinen übernatürlichen Helden, der Dich rettet. Du wirst bei dieser Gelegenheit die positive Energie und Einfluss, die die Liebe verströmt, nutzen, anstatt die direkte Hilfe von Anwälten bei Deinen Problemen. Jede Überforderung, jedes Problem, dass Du in eine frische neue Beziehung hineinbringst, kann fatal sein. Du wirst Deine erste neue Verabredung nicht auf seine oder ihre Fähigkeit testen, Deine Tränen zu trocknen und Deine Rechnung zu bezahlen! Bitte sei so unabhängig wie möglich, sowohl von der Einstellung her als auch finanziell, denn der größte Fehler, den Du begehen kannst, ist Deine Zukunft auf die Schultern einer anderen Person zu laden. *„Hilf Dir selbst, dann hilft Dir Gott"* ist ein altes Sprichwort, das aus Griechenland stammt. Oder: *„Das ganze Geheimnis der Existenz ist, keine Angst zu haben. Fürchte niemals darum, was aus Dir werden wird, sei von niemandem abhängig. Erst in dem Moment, in dem Du alle Hilfe ablehnst, bist Du befreit"* (Buddha).

In den Vierzigern oder älter ist es sehr wahrscheinlich, dass die Singles, die Du triffst, selbst getrennt oder geschieden sind. Es ist eine gute Idee, die eigenen Probleme zu vergessen (so es welche gibt) und völlig offen zu sein und sich auf die Person und auf die brandneue Beziehung zu konzentrieren. Du bist eine wunderschöne blaue Libelle. Erfreue Dich (wieder) am Leben und sei fröhlich, denn das ist es, was jetzt wichtig ist!

GOLDENE REGELN FÜR DIE ERSTE VERABREDUNG FÜR MÄNNER

Ich habe versucht, und es hoffentlich auch geschafft, meine Hinweise geschlechtsneutral zu geben. Aber Klischees können Dir das Leben beim ersten Treffen schwer machen, wenn Du alle Deine Vorzüge ins Spiel bringen musst. Hier kommen einige goldene Tipps, um das Ergebnis zu verbessern:

Die Mehrheit der Frauen wird bei einer ersten Verabredung ein Rundum-Scan von Dir als Person machen (Dein Intellekt, Körper, Charakter ... und nun, manchmal auch Deine Aktienpakete und die Anzahl der Ferraris). Während ihr sprecht, überprüfen sie alle Informationen, die Du ihnen gibst, wägen sie ab und suchen nach wichtigen Merkmalen.

Eines davon ist *Gleichgewicht*. Besonders geschiedene Frauen mögen es nicht, zu sehr in Probleme einbezogen zu werden, die mit *außergewöhnlichen* Ressourcen zu tun haben, die im Bergsteigen oder Bodybuilding oder Marathonlaufen oder so gebraucht werden, und vielleicht genau der Grund waren, dass sie sich haben scheiden lassen. Männer sind immer in der Position, ihre Interessen oder Aktivitäten innerhalb oder außerhalb der Familie ausbalancieren zu müssen. Außerdem ist meine Aufgabe als geschiedene Dame, einen Mann zu finden, der seinen Platz gefunden hat und für mich und die Kinder Zeit hat, nicht nur für seinen Freundeskreis und seine Hobbys. Ab einem gewissen Punkt schwindet das *Verständnis*, und wenn Du ein Mann bist, der die ersten fünfundvierzig Minuten der allerersten Verabredung damit verbringt, über Dein Spinning Training und Deine Spinning-Wochenenden zu reden, werde ich die verbleibenden zwei Minuten dazu nutzen, mich bei Dir für das *nette Gespräch* zu bedanken, und Dir zu erklären, dass auch wenn Du eine *sehr nette Person* bist (eine schreckliche Lüge) es leider nicht gefunkt hat und ich keinen weiteren Kontakt haben möchte.

Das ist wirklich schade, wenn Du nicht zu den Typen gehörst, die ihre ganze Zeit mit Radfahren in geschlossen Räumen verbringen, sondern ein schüchterner, etwas stillerer Mann bist und dieses Thema bewusst ausgesucht hast, weil Du glaubst, dass Mädchen, Sportliebhaber unbedingt toll finden. Dasselbe gilt für alle anderen Aktivitäten und Hobbys, die sehr viel Zeit in Anspruch nehmen. Ich kenne Männer, die ihre ganze Freizeit damit zubringen, im Keller Modellflugzeugsätze zusammenzubauen. Was die Familie oben, also im Erdgeschoss oder im Garten macht, das geht sie nichts an. An den Wochenenden treffen sie sich mit ihren Modellflugzeugen auf privaten Flugplätzen – in der Nähe, bundesweit, international. Wenn Du also keinen anderen Modellflugzeugfan triffst, würde ich Dir davon abraten, über Dein Hobby zu reden, und auch davon, es so zeitintensiv und ausschließlich zu betreiben. Wenn Du Modellflugzeuge so sehr liebst, dann brauchst Du vielleicht eher eine Haushälterin statt einer Geliebten oder einer neuen Ehefrau. Natürlich ist die Diskussion über Modellflugzeuge nur ein Beispiel.

Frauen mögen großzügige Männer. Das war schon immer so, und wird auch in Zukunft so bleiben, ungeachtet der Rollenzuschreibungen und finanziellen Möglichkeiten. Bevor Du das Restaurant verlässt, in dem Ihr Eure erste Verabredung hattet, und nur für Dein Gericht zahlst und dann fragst, wer das Trinkgeld auf den Tisch legt, nun … DAS GEHT GAR NICHT. Das Mädchen oder die Dame, die vor Dir sitzt, kann Ivana Trump sein und Dich in ihrem Pool voller Gold ertränken, aber es bleibt Tatsache, dass Frauen höfliche Männer schätzen und sie auf Höflichkeit nur dann verzichten, wenn der Mann diesen Mangel mit einer Anzahl anderer Qualitäten mehr als ausgleichen kann. Nur dann, wenn Du so gut aussiehst wie Denzel Washington, intelligent wie Einstein bist und so lustig wie Jim Carrey, kannst Du irgendwann nur für Dich im Restaurant zahlen. Ich hoffe, das ist jetzt klar.

Wenn Du Deinem festen Glauben, dass ein Ehevertrag die Garantie darstellt, *reine Liebe* zu bekommen, bei der ersten Verabredung Ausdruck verleihst, kann das auch tödlich sein. Ehrlich, aber tödlich!

Frauen warten nicht gern lange. Die meisten Männer glauben, dass Frauen es *langsam angehen lassen* wollen. FALSCH! Du wirst den Schmetterling mit Deinem Netz nicht fangen können, wenn Du abgelenkt und langsam bist. Wann immer Dich eine besondere Frau besonders interessiert, solltest Du es lieber deutlich machen – und zwar schnell. Damen in ihren Dreißigern und älter reagieren auf langsames Flirten ungeduldig; irgendwann fliegen sie weg und suchen nach anderen bunten und vielversprechenden Blumen. Lass mich Dir sagen, dass ein zu schnelles Vorgehen viel besser ist als ein zu langsames. Also: DENKE NACH.

Wenn Du ihr beim Abschied gesagt hast „Ich rufe Dich an", BITTE TU ES! Frauen sind dafür bekannt, dass sie neben dem Telefon stunden-, tage-, wochenlang sitzen, bis sie endlich begreifen, dass Du sie im Leben nicht anrufen wirst. Also mache keine Versprechungen. Sag einfach *Auf Wiedersehen*. Nichts ist nach einem guten Abend, den man zusammen verbracht hat, ein Muss außer guten Manieren – auch wenn Du nach einem tieferen Blick in ihr Dekolleté entdeckst, dass diese flotte Dame ihren BH mit Toilettenpapier ausgestopft hat (noch nicht mal mit diesen Schaumstoffpolstern, um die Brust größer erscheinen zu lassen!). Enttäuschungen passieren immer wieder, besonders wenn Du Deine Verabredung im Internet kennengelernt hast und sie alle ihre Bilder mit Photoshop bearbeitet hat.

Ein Gentleman bleibt ein Gentleman, und nachdem Du die Rechnung im Restaurant gezahlt hast, und wenn sie tatsächlich Dein Schmetterling ist, schlage etwas für danach vor (Café, Musikclub).

Wenn sie ablehnt, lade sie zu einem Treffen, das den ganzen Tag dauert, ein. Dann habt Ihr mehr Zeit, Euch kennenzulernen.

Ich wünsche Dir, dass Du bald Deinen perfekten Seelenverwandten finden wirst. Viel Glück!

GOLDENE REGELN FÜR DIE ERSTE VERABREDUNG FÜR FRAUEN

Wie ich schon bei dem Abschnitt für Männer erwähnte, habe ich mich bemüht, und es hoffentlich auch geschafft, meinen Ratschlag geschlechtsneutral zu halten. Aber Klischees machen die erste Verabredung heikel, wenn man alle seine Vorzüge ins Spiel bringen muss. Daher kommen hier einige goldene Regeln, um das Treffen zu einem Erfolg zu machen.

Der Mann, mit dem Du verabredet bist, kommt zu spät? Das bedeutet nicht, dass er Dich versetzt. Er ist einfach spät dran! Bitte werde nicht gleich wegen Kleinigkeiten nervös bei Eurer Verabredung.

Beispielsweise liegt eine Strähne auf Deiner Stirn und weigert sich, sich zurückkämmen zu lassen; wegen einer Grippe bist Du immer noch ein bisschen heiser und Du fühlst Dich mehr wie ein Frosch als wie eine Prinzessin; Du hast Deine Regel … Gott, das ist wirklich ein Problem … das ist, nun ja … sicherlich ein Zeichen, dass Du nicht mehr unternehmen solltest, als es sich für eine erste Verabredung gehört! Ja, es ist wichtig, dass Du gut aussiehst, aber noch wichtiger ist es, dass Du natürlich bist. Männer mögen nicht zu viel Make-up oder zu viele Farben (es sei denn, Du willst nur flirten). Wenn Dein Rock mehr als Deine Unterschenkel zeigt, wird der Mann denken, dass Du für Euer erstes Treffen *„das Buffet ist eröffnet"* im Sinn hast. Bist Du sicher, dass Du diesen Eindruck vermitteln willst?

Er sitzt Dir gegenüber und sagt nichts … weil Du die ganze Zeit geredet hast! Bitte frage ihn nach seiner Arbeit und seinem Lieblingshobby und warte ab … warte! Stille ist auch schön. Du erfährst bei der ersten Verabredung viel dadurch, wie ein Mensch mit Stille umgeht. So kann Raum für Augenkontakt entstehen.

Es geht auf keinen Fall beim ersten Treffen, ihm zu sagen, dass er mit etwas aufhören soll (vom Rauchen bis zu seinem Lieblingshobby): *„Rauchen ist ungesund"* oder *„Was soll das? Freeclimbing kann sehr gefährlich sein. Fang lieber mit Golfen an"*, etc. Männer reagieren auf Einschränkungen oder Zwänge sehr allergisch. Sie sind erwachsen, haben ein Leben schon hinter sich, und wenn er schon geschieden ist, hat er mehr Freude am Leben als jemals zuvor, weil ihn niemand einschränkt! Wenn Du also nicht damit klarkommst, dass er bestimmte Hobbys hat oder raucht, dann solltest Du ihn lieber ziehen lassen, als auszuprobieren, ob er sich Deinen Wünschen anpasst.

Jeder ist seine eigene Welt, und ich kann nicht für alle sprechen; ich kenne Dich nicht, und Du hast das Recht, alles zu denken und zu tun, was Du beim ersten Treffen für angemessen hältst. Aber ein weiterer Fehler, den wir Frauen häufig machen, ist die Rolle des Kumpels anzunehmen. Ich habe das zum Beispiel gemacht. Ich habe eine recht starke männliche Seite in mir, und die meiste Zeit verhalte ich mich wie ein guter Freund. Ich mag diese Kameradschaft mit Männern, und es ist toll, mit ihnen befreundet zu sein, aber Du gehst ja mit diesem Typen nicht aus, weil Du sein Freund sein willst, oder? Es gibt für Männer mit erotischem Interesse nichts Frustrierenderes als eine Frau, die nachfühlen kann, wie es ihm geht. Du bist eine Frau, und er ist ein Mann. Und ihr beide geht zum ersten Mal zusammen aus. Du hast großes Verständnis für seine Welt? Super! Cool! Schön! Aber erzähle ihm nicht, wie er die Blondine zwei Tische weiter anlächeln soll. Das kommt einem Selbstmord gleich. Wenn Du an ihm interessiert bist, sende keine falschen Signale aus, Du seist es nicht. Versuche nicht auf diese oder ähnliche Weisen herauszubekommen, ob er interessiert ist. Die meisten Männer haben kein Gespür für solche psychologischen Spielchen. Sie denken gerade heraus und simpel, mach einfach dasselbe, und Du wirst ihre Herzen gewinnen!

Ich habe schon beschrieben, was wahrscheinlich Deine Verabredung dazu treiben wird, sich aus dem Fenster der Herrentoilette des Restaurants, wo Ihr Euch trefft, aus dem Staub machen zu wollen. Lass mich darüber noch einige Worte verlieren, von Frau zu Frau. Psst, komm noch näher! Nun, die Kerle sind normalerweise verängstigt wie ein Schäfchen, das von einem Wolf verfolgt wird, wenn Du fragst: *„Willst Du noch einmal heiraten?"* Oder sollte er noch jungfräulich sein (im Sinne von noch nie verheiratet): *„Kannst Du Dir vorstellen, irgendwann einmal zu heiraten?"* Sollte es der Fall sein, dass dieser Mann sogar irgendwann einmal, früher oder später, heiraten möchte, und vielleicht trifft er sich ja mit Dir, weil er sich endlich (wieder) niederlassen möchte, ruft diese Frage bei ihm wilde atavistische Ängste hervor und sorgt dafür, dass bei ihm der Alarm angeht. Du kannst nett, intelligent, interessant, sexy und süß sein und kannst natürliche Körbchengröße D haben – er wird in Dir immer den Wolf sehen, der ihn fressen will. Das geht gar nicht!

Ich wünsche Dir, dass Du bald Deinen perfekten Seelenverwandten finden wirst. Viel Glück!

WIE DU DEINE KINDER DURCH DIE SCHEIDUNG BRINGST

Nichts hat psychologisch mehr Einfluss auf die Umwelt und besonders auf die Kinder als das ungelebte Leben der Eltern.
Carl Gustav Jung (1875 – 1961)
Psychoanalytiker, Psychiater, Arzt

Ich will gar nicht so viel über dieses Thema sagen, das Gebiet ist sehr heikel. Ich unterstütze die Aussage Jungs sehr, denn für diejenigen, die in ihrer Ehe kein Leben hatten, für die ist es gut, nach Erfüllung zu streben. Es gibt kein schlimmeres Elternteil als ein unglückliches Elternteil.

Kinder leiden meistens still, und man kann ihnen ansehen, wie sich ihre Gefühle verändern, während sie versuchen, sich an die neuen Gegebenheiten anzupassen. Sie machen ein seltsam trauriges Gesicht, sobald Scheidung in der Familie thematisiert wird. Es ist fürchterlich!

Ich bin die Mutter einer kleinen Tochter, und sie war stolz auf ihre Mutter-Vater-Kind-Familie. Sie sagte das Word *Familie* häufiger als andere Kinder ihres Alters. Ich nehme an, sie hatte diese religiöse Haltung für Familie und eine besondere Vorliebe für Traditionen teilweise von mir. Und dann war ich zu Beginn aus ihrer Sicht dafür verantwortlich, dass ihre schöne Familien-Vision zerstört wurde. Sie konnte nicht wissen, dass ich *keinen anderen Ausweg* hatte als die Scheidung einzureichen, um aus dem Grab meiner Ehe zu entkommen. Wie viele Mütter und Väter haben Schuldgefühle? Mindestens fünfundneunzig Prozent. Nun, das brauchst Du nicht! Deine Kinder werden Dich später verstehen. Gib ihnen Zeit, später werden sie Deine Beweggründe verstehen.

EINE KURZE MEDITATION UND EINE POSITIVE AFFIRMATION FÜR DICH UND DEINE KINDER

Bevor wir weitermachen, möchte ich, dass Du Dir einige Minuten Zeit zum Meditieren nimmst, um Deine Gedanken von Inhalt zu befreien.

~ *WEISSE MEDITATION* ~

Setze Dich hin und atme tief ein und aus.

Entspann Dich und konzentriere Dich auf WEISS.

Lass die Farbe der Reinheit Dich beruhigen und Dir helfen, Probleme und das Durcheinander zu vergessen.

Kontrolliere Deine Gedanken nicht; Dein innerer Friede wird sich um sie kümmern.

Konzentriere Dich auf ein weißes Licht und spüre, wie fröhlich Du wirst, während dieses Licht in Deinen Körper eindringt und ihn erleuchtet.

Du bist jetzt die Quelle des Lichts.

Dein Friede und Dein Licht durchdringen alles um Dich herum.

Wiederhole Folgendes nun drei Mal:

Vielleicht nimmst Du Dir meine kurze Affirmation vor, wenn Du
Dich unsicher fühlst oder ein wenig traurig bist oder wann immer Du
willst. Sie macht Dich stärker und stärker. Für Deine Kinder bist Du
ein Licht, Du bist Richtungsweiser für ihr Leben. Aber Du hast das
Recht auf Glücklichsein, und Freude ist die Basis für weitere Entwicklung. Diese Affirmation widerspricht nicht dem Rat, den ich Dir im
ersten Teil gegeben habe, der mehr oder weniger so klang: *„Sei egoisti-
scher und kümmere Dich jetzt weniger um die Probleme anderer Leute ...",* um
im Moment wichtige Lebensenergie zu sparen – Energie, um zu lieben, zu verstehen und zu unterstützen. Es ist etwas anderes, ihnen alle
Launen zu erlauben: Beispiele:

*„Papa/Mama, ich möchte heute zehn Eis essen, darf ich?" - „Aber na-
türlich darfst Du das!"*

*„Papa/Mama, kannst Du heute für mich meine Hausaufgaben ma-
chen?" - „Mein Liebling, sie sind schon erledigt!"*

Das sind irrige Wege, um Deine Kinder während und nach der Scheidung zu unterstützen. Du würdest schnell durchdrehen: Du bist kein guter Vater/Mutter mehr, wenn Du Dich vom Stress wahnsinnig machen lässt. Ein Vater oder eine Mutter, die kurz vor dem Burn-out steht, macht keine gute Erziehungsberechtigte. Du willst nicht wahnsinnig werden, denn Deine Pflichten haben sich verdreifacht (Scheidungsprobleme, Deine normalen Alltagspflichten, die Extraaufgaben, die Deine Kinder hervorrufen) oder etwa doch? Nein.

Bist Du der andere Elternteil, der die Kinder am Wochenende hat, ist das eine bestimmt Zeit lang praktikabel. Deine Kinder erzählen ihren Klassenkameraden vielleicht Folgendes:

> *„Deine Eltern sollten sich auch scheiden lassen, damit Du immer zwei Mal Eis, zwei Mal Geschenke und zwei Mal Urlaub bekommst, so wie ich!"*

Ich kann keinen pädagogischen Wert darin erkennen, wenn Eltern versuchen zu kompensieren. Die Worte *zu viel* sind nur dann positiv, wenn sie sich wirklich auf Liebe, Verständnis und Engagement beziehen. Auf der anderen Seite kann die Kompensation mittels materieller Dinge dazu führen, dass die Kinder glauben, alles im Leben ließe sich mit Geld reparieren (was zum Teil zutrifft – grins!), und sie werden dieses Modell auch mit ihren Partnern umsetzen. Es gibt eine reelle Chance, dass auch Deine Eltern sich haben scheiden lassen, und dass Du dieses Vorgehen von Deinen Eltern gelernt hast. Wenn das der Fall ist, ist es an der Zeit, die Folge zu durchbrechen und einen neuen Kurs zu setzen. Und das geht folgendermaßen:

Es hat lange gedauert, bis Du so weit gekommen bist, aber Du hast gelernt, dass: Scheidung ist eine Tatsache, keine Geisteshaltung. Die Geisteshaltung, die Du in Verbindung mit ihr entwickelt hast, ist Deine, und Du kannst sie verändern, in dem Sinne, dass Deine Ehe kein Happy End hatte, aber zumindest Deine Scheidung wird gut sein, wenn Du meinem Rat folgst. Niemand weiß besser als ich, wie aufwendig eine Scheidung ist, wie sehr man in Gedanken damit beschäftigt ist. Aber wir haben gelernt, dass die Fokussierung auf die positiven Seiten einer Gegebenheit in einen Vorteil umschlagen kann, mehr noch als positiv, vorteilhaft. Betrachten wir die Situation aus der Perspektive der Kinder, wie sie es ausdrücken würden. In Ihrem tiefsten Inneren, werden sie wahrscheinlich niemals die Hoffnung aufgeben, dass Mama und Papa wieder zusammenleben. Aber vor langer langer Zeit gab es eine Familie mit einem unglücklichen Papa und/oder Mama, während jetzt gibt es zwei Familien.

ALTE NEGATIVE FAMILIENSITUATION

1. Ich befinde mich in einer Vater-Mutter-Kind-Familienanordnung.

2. Papa und Mama sind deprimiert/streiten/sind nervös/reden nicht mit einander/sind unglücklich/sind nicht da.

3. Ich werde geliebt, aber mehr geliebt zu werden, wäre besser. Ich habe den Eindruck, sie kümmern sich nicht mehr so sehr um mich in letzter Zeit, weil sie miteinander Probleme haben!

4. Ich hätte gern, dass sie aufhören, einander Unsinn zu erzählen! Ich kann sie nicht mehr leiden. Ich wünschte, sie würden sich scheiden lassen, damit diese Katz-und-Maus-Situation endlich aufhört.

5. Ich mag es nicht, wenn mein Papa und meine Mama so unglücklich sind. Ich fühle mich wirklich dabei nicht wohl. Darüber hinaus kann ich an dieser Situation nicht viel ändern.

6. Und jetzt hört endlich bitte auf, Ihr beiden! Ich muss meine Hausaufgaben machen, und mein Leben ist ganz durcheinander. Ich will einfach nur ein bisschen Normalität und kein Wahnsinn mehr zu Hause!

7. (Wenn Du aufgrund Deiner Eheprobleme von Substanzen abhängig oder ernstzunehmend depressiv geworden bist, kannst Du möglicherweise Deinen täglichen Pflichten zu Hause und gegenüber Deinen Kindern nicht mehr nachkommen. Dann ist es möglich, dass …) Ich will nicht mehr Stinker genannt werden! Und ich habe keine Lust mehr, jeden Tag Hot Dogs und Pizza zu essen. Bitte gebt mir meinen normalen Papa und Mama zurück, die sich um mich kümmern!

NEUE POSITIVE SCHEIDUNGSSITUATION

1. Im befinde mich in einer Familie mit einem Elternteil. Wer weiß ... ich hoffe, ich bin bald in einer Patchwork-Familie – mehr Leute, mehr Spaß! Jetzt verbringe ich mehr Zeit mit Papa/Mama als jemals zuvor. Und wir machen viele interessante Sachen zusammen. Wenn ich mit Papa weggehe, hat Mama mehr Zeit für sich und umgekehrt, dann können sie machen, was ihnen am meisten Spaß macht. Wenn ich mal tief daran denke, eigentlich, habe ich zwei Familien: eine mit Mama und eine mit Papa.

2. Jetzt sind sie ruhiger – meine Eltern, meine ich – und sie können manchmal sich sogar miteinander unterhalten, ohne zu streiten. Toll!

3. 4. 5. 6. 7. Probleme gibt es zwar immer, ab und zu, aber sie sind jetzt so ausgeglichen, das sie mir viel mehr geben können! Sie lächeln. Und es ist, als würde zu Hause die Sonne scheinen. Alles ist sauber, und ich bekomme jeden Morgen etwas anderes zum Frühstück. Ich weiß wirklich nicht, woher Papa/Mama so viel Zeit für mich hernehmen! Aber es ist einfach toll! Sich scheiden zu lassen war wirklich das Beste, was sie hätten tun können für sich selbst! Besser wäre wenn sie wieder zusammenkommen würden, aber ich muss damit leben! Immerhin verstehe ich jetzt, dass eine normale Familie nur dann normal sein kann, wenn alle Leute zufrieden sind und mit einander in Frieden leben können. Ich bin jung, aber ich habe auch begriffen, dass man mit seinem Partner glücklich sein muss; sonst ist es besser, alleine zu sein und sich einen neuen Partner zu suchen. Und ich bekomme in der Schule wieder gute Noten!

Nun, ich habe die Situation vereinfacht dargestellt, um Dich daran zu erinnern, dass es alles hinter Dir liegt – es gehört der Vergangenheit an. Scheidung ist eine großartige Chance, nicht nur für Dich, sondern auch für die Kinder, um das Gleichgewicht wiederzugewinnen und glücklicher und entspannter zu leben.

13 WICHTIGE REGELN, UM DEINE KINDER WÄHREND UND NACH DER SCHEIDUNG GLÜCKLICH ZU MACHEN

1.

GOLDENE REGEL: Sprich mit Deinen Kindern, und erkläre ihnen, was passieren wird. Sie müssen über Deine Scheidungspläne Bescheid wissen, wenn die endgültige Entscheidung gefallen ist. Idealerweise sollten sich beide Eltern darauf einigen, was sie den Kindern sagen wollen, die Kinder zusammenrufen und es ihnen dann sagen. Verwende einfache Worte, auch wenn es schon erwachsene Teenager sind. Lass die Details beiseite, zum Beispiel: *„Ich erwischte Deinen Vater zufällig dabei, wie er mit einer Brünetten schlief, die rote Strapse und einen Push-up-BH aus der Victoria's Secret 2017-er Kollektion trug."* Keine Grabesstimmung: versuche, positive Perspektiven aufzuzeigen. Es sollte mehr oder weniger einfach klingen:

„Papa/Mama und ich sind nicht glücklich zusammen. Das hast Du vielleicht schon gemerkt.

Wir haben versucht, unsere Konflikte zu lösen, aber leider hat es nicht funktioniert! Daher wollen wir uns scheiden lassen.

Das bedeutet, dass Dein Papa/Mama und ich nicht mehr zusammenleben werden.

Das hat nichts mit Dir zu tun. Wir sind beide super glückliche Eltern und haben wirklich Glück, Dich als Kind zu haben.

Wir werden dann bessere Eltern für Dich sein, weil wir die Zeit, die wir zuvor mit Streitereien zugebracht haben, für uns nutzen können, um glücklicher zu sein.

Der einzige Unterschied ist, dass Papa/Mama ausziehen wird, und Du wirst uns beide in der Woche und/oder an jedem zweiten Wochenende besuchen (oder Ähnliches).

Dein Leben wird interessanter, und Du wirst mehr Möglichkeiten haben, etwas zu lernen und Spaß zu haben. Wir möchten, dass Du uns jederzeit sagst, was Dich beschäftigt."

Wenn Du jetzt schon weißt, was sich alles verändern wird (Adresse, Stadt, Job, Gegend etc.), kannst Du es den Kindern jetzt sagen und sie fragen, ob sie noch etwas wissen wollen. Darüber hinaus kannst Du sie immer über Änderungen (siehe unten) informieren, die ihren Alltag betreffen, und über die sie von vornherein informiert werden müssen, um sich darauf einstellen zu können. Über kleinere Veränderungen musst Du sie nicht unterrichten, sie haben keinen Einfluss auf Ihren Tagesablauf und Du solltest die Kinder nicht mit zu vielen Informationen überfordern. Versuche sicherzustellen, dass ihr Alltag so normal wie zuvor abläuft, bevor die Konflikte und Probleme entstanden sind. Bereite sie langsam auf die Veränderungen vor, damit sie sie nicht aus heiterem Himmel treffen.

2.

Du darfst Dir keine Schuldgefühle erlauben. Das brauchst Du einfach nicht, wie ich bereits dargestellt habe. Du hast gelernt, wie viele Möglichkeiten auf Dich warten, wie das Leben voller Dinge ist, die Du Dir wünschst. Und wenn Du es wirklich willst und Dich dafür einsetzt, dann kann Dich nichts davon zurückhalten, sie auch zu bekommen. Du kannst Deinen Kindern Liebe, Sorge und Unterstützung wie zuvor geben, und sogar noch mehr, und das andere Elternteil wird (hoffentlich) dasselbe tun. Wenn die Scheidung nicht aus einer Laune heraus passiert, hast Du wirklich keinen Grund, ein schlechtes Gewissen zu haben.

3.

DU lässt Dich scheiden, nicht Deine Kinder oder Deine Familie (also Dein Vater, Mutter, Geschwister etc.). So traurig das auch ist, auch unter den schlimmste Umständen, wenn Dein Ex sich benommen hat wie ein Monster, wie ein Vampir, bleibt er/sie doch der Vater oder die Mutter Eurer Kinder, es sei denn, das Gericht entscheidet etwas anderes (das hängt vom Sorgerecht ab). Du kannst nicht von Deiner Familie erwarten, dass sie Deinen Ex so hasst oder sich von ihm/ihr so entfremdet fühlt wie Du. Und das gilt insbesondere auch für Eure Kinder.

4.

Wenn es Dir nicht leicht fällt, etwas Gutes über Deinen Ex-Partner/in zu sagen, sprich mit Deinen Kindern so wenig wie möglich über ihn oder sie. Traumatisiere sie nicht mit einer Menge Erwachsenen-Sorgen (besonders, wenn es noch kleine Kinder sind). Einige schlechte Ehegatten werden während und nach der Scheidung noch schlimmere Ex-Partner, namentlich, wenn es um finanzielle Einigung und das Sorgerecht geht. Und wenn sie nicht großzügig sind, warum sollte es Dir etwas ausmachen, dass Eure Kinder ein gutes Bild von ihm oder ihr behalten, wenn der oder die andere sich verhält wie ein Esel? Nun, es kann Dir egal sein! Deine Kinder sind in der Lage, sich selbst aufgrund ihrer eigenen Erfahrungen eine Meinung zu bilden. Schöne Überraschungen sind da nicht ausgeschlossen! Einige Menschen werden nach der Scheidung zu besseren Eltern; ihr Verantwortungsbewusstsein und die Anhänglichkeit bezogen auf die Kinder kann mit der Zeit auch größer werden.

5.

Erwarte von Deinen Kindern (sowohl kleinen als auch erwachsenen) **nicht, Dir in einer Krise oder in emotional sehr schwierigen Phasen Deiner Scheidung zu helfen.** Bitte vermeide, Deine Unsicherheit (so vorhanden) auf sie zu übertragen und werde mit Deinen Problemen allein fertig. Außerdem können auch erwachsene Kinder extrem auf Veränderungen zu Hause reagieren, auch wenn sie nicht mehr dort leben. Erwachsene Kinder von geschiedenen oder getrennten Eltern fühlen sich verantwortlich dafür, dass die Eltern glücklich sind, und dass kann Unruhe in ihr eigenes Familienleben bringen. Bevor Du Dich bei ihnen ausweinst und ihnen das Herz ausschüttest, indem Du immer wieder Deine Sorgen erzählst, stelle sicher, dass sie nicht selbst zu Hause Schwierigkeiten haben; was ist, wenn sie selbst mit Rückschlägen in der Beziehung oder im Job zu kämpfen haben? Vielleicht sind sie im Moment nicht stark genug, um weiteren emotionalen Stress aushalten zu können und werden depressiv, weil ihre stützenden Säulen (ihre Eltern) ins Wanken geraten sind. Eheprobleme sollten nie Thema zwischen Eltern und Kindern sein, egal, wie alt die Kinder sind. Erzähl ihnen nur, was zu erklären absolut nötig ist – warum Du diese Entscheidung getroffen hast. Übertrage die Verzweiflung nicht auf sie. Freunde und Eheberater machen diesen Job normalerweise besser. Wenn Du ausziehen musst, kannst Du vielleicht bei Deinen erwachsenen Kindern wohnen, bis Du ein angemessenes Zuhause gefunden hast (je früher, desto besser). Aber bitte bedenke, dass sie ihr eigenes Leben und ihre eigene Familie haben, und dass Deine Anwesenheit ihre persönliche und soziale Balance durcheinanderbringen kann. Noch einmal: Dein Aufenthalt sollte zeitlich streng darauf begrenzt sein, bis Du eine neue feste Unterkunft gefunden hast.

6.

Sei verständnisvoll. Wenn ich sehe, dass meine Tochter traurig guckt, frage ich sie immer: *„Bist Du fröhlich?"* Hör ihnen zu, und gib ihnen positive Sicherheit, hinter der Du stehst. Versprich ihnen nicht, dass die Welt gleich bleibt, wenn das nicht der Fall ist: Es liegt Veränderung in der Luft! Und sie müssen wissen, was passieren wird, und in den Prozess miteinbezogen werden. Wenn Du zum Beispiel nach einer neuen Wohnung suchst oder sich andere Dinge in ihrem Leben auch ändern (neue Schule, neuer Tanzkurs etc.), sollten sie gefragt werden und ihnen sollte die Möglichkeit eingeräumt werden, bei Deinen Entscheidungen Mitspracherecht zu haben. Das macht aus ungewollten Veränderungen aufregende neue Erfahrungen.

7.

Kinder sind anpassungsfähig, aber ... Kinder von geschiedenen Eltern verstehen normalerweise die Mechanismen einer Beziehung sehr gut, und im Vergleich zu Nicht-Scheidungskindern sind sie wirklich erwachsener. Was nicht immer schlecht ist! Jedes Kind oder Teenager reagiert allerdings anders. Eins Deiner Kinder kann sich als sensibler als die anderen herausstellen. Versuche herauszufinden, ob sie unterschiedliche Ansprache brauchen. Wenn es Dir schwerfällt, das Thema anzusprechen, kannst Du Dich an die Familienhilfe in Deiner Region wenden oder an andere öffentliche oder private Institutionen und Vereine, die Familienberatung begleitend oder in nur speziellen Situationen anbietet.

8.

Hole Dir Hilfe. Geschiedene Eltern, die sich allein um Kinder mit chronischen Krankheiten kümmern, brauchen spezielle

Hilfen und Unterstützung. Wenn das bei Dir der Fall ist, bist Du vielleicht berechtigt, kostenlose Sozialfürsorge zu bekommen. Bevor Du Deine Arbeitszeiten änderst, um Dich zu Hause um das pflegebedürftige Kind zu kümmern, finde heraus, welche Angebote es in Deiner Gegend gibt: Dazu gehören Ehrenamtlichen Verbände und Stiftungen, die Dir helfen können, die besonderen Bedürfnisse Deines Kindes zu befriedigen.

9.

Hilf Deinen Kindern, den Kontakt zu den Großeltern, Verwandten und Freunden der anderen Seite zu halten. Wenn Du Deinen Wohnort ändern musst, können sie den Kontakt immer noch via Skype, E-Mail und Facebook und durch Besuche halten. Es ist wichtig, dass sie das Gefühl bekommen, dass ihre Welt nicht völlig verschwindet, sondern sich nur ein wenig ändert.

10.

Lass den Schmerz los. Brief an die Epheser 4:31: *„Alle Bitterkeit und Wut und Zorn und Geschrei und Lästerung sei von euch weggetan, samt aller Bosheit.“* Ich weiß, es tut sehr sehr weh. Vielleicht fühlst Du Dich (aufgrund der Scheidung) verraten, einsam, ohne Halt, finanziell unsicher, wertlos, schlimm (Dein Ex ist mit einem/er jüngeren und hübscheren Geliebten auf und davon), verärgert (Du hast Deinen Parkett-Platz in der Oper und die Kreditkarte für den Gold Club verloren); sozial frustriert (die Menschen verbeugen sich nicht mehr vor Dir, weil Du nicht mehr die Gattin des Kaisers von Japan bist) etc. Gut, an dieser Stelle hören wir auf. Ich habe hier nicht Ratschläge aufgeschrieben, um jetzt immer noch zu hören, dass Du in einer Lebenskrise steckst. Also bitte: ALLES AUF NULL! Diese ganzen Probleme hast Du nicht mehr, weil Du Dich auf Folgendes konzentrierst:

- Dein Leben

- Deine Ziele

- Deine Gefühle

- Deine Zukunft

- Dein Job

- Deine Finanzen

- die Beziehung zu Deinen Kindern.

DEIN ODER DEINE EX HAT NICHTS LÄNGER MIT DIR ZU TUN. DU BIST EIN GANZ NEUER MENSCH, EINE GLÜCKLICH GESCHIEDENE PERSON (auch wenn Du noch nicht geschieden bist, hast Du das Recht, Dich GGP zu nennen): Die gewünschten Entwicklungen in Deinem privaten, sozialen und beruflichen Leben fangen an, sich zu zeigen, und Deine Haltung und Deine Stimmung sind schon viel positiver, als sie es waren, bevor Du angefangen hast, meinen Ratgeber zu lesen. Das kann ich fühlen! Du bist erleuchtet von dem Bewusstsein, dass nicht nur Dein Leben auch ohne Deinen Ex weitergeht, sondern es auch hundert Mal besser als zuvor sein wird. Soweit es Deine Beziehung zu Deinen Kindern betrifft, kannst Du immer wieder Boden gewinnen und eine bessere Mutter, bzw. ein besser Vater als jemals zuvor sein.

11.

Bleib mit Deinen Kindern physisch wie geistig in Kontakt. Schenke Deine Liebe großzügig. Küsse sie. Nimm sie in den Arm. Sag ihnen: „Ich liebe Dich" jeden Tag, und zwar mehrere Male am Tag. Das ist die beste Art und Weise, ihnen Kontinuität und den Boden unter den Füßen zu garantieren. Auch in den Fällen, in denen die Scheidung eine Veränderung des Status mit sich bringt (was sowohl finanziell als auch praktisch bedeutet, dass alles ein wenig an Quantität einbüßt), diese Situation ist nur vorübergehend. Du hast die Macht, die Kinder wieder mit allem Komfort zu versorgen, den sie gewohnt waren. Auf jeden Fall hängen Kinder nicht so sehr an *Dingen* wie wir. Du musst sie immer fragen, was Deine Kinder für wichtig halten, denn manchmal machen wir uns wirklich wegen nichtiger Gründe Sorgen! *„Mami, Mami, Mami …"* sagte meine Tochter einmal, während sie mit ihrem kleinen Finger auf mich zeigte: *„Warum hast Du so viele Kleidungsstücke gekauft? Die brauche ich doch gar nicht alle? Ich brauche nur ein paar!"* Meine Reaktion war nicht die einer Mutter, die stolz auf ihr kluges Kind ist. Überhaupt nicht! Ich war plötzlich wirklich wütend. Sehr wütend! Ich hatte eine Menge Geld für diese Lieferung aus dem Internet bezahlt. Ich hatte, während wir im Sommerurlaub waren, mehr als ein paar Stunden vor meinem Laptop gesessen, um sie mit schönen Sachen für das neue Schuljahr (Herbst und Winter) auszustatten. Und dann zeigte sie mit ihrem Finger auf mich, als wäre das alles Quatsch und ich hätte Geld verschwendet. Ich hatte eine Reaktion erwartet wie: *„Oh, Mami, Du bist ein Engel, wie schön! Ich mag alles leiden, was Du mir gekauft hast!"* Nun, ich muss es zugeben: Es handelte sich um eine MKA (materielle Kompensationsattacke), eine, gegen die ich mich zuvor ausgesprochen hatte! Meine Tochter reagierte einfach klug! Erstaunlich erwachsen und gerade heraus! Aber zurück zu jenem Moment: Ich stand völlig perplex da. Ich dachte, sie würde aus lauter Freude anfangen zu weinen, wenn sie all diese neuen, bunten Dinge in ihrem rosafarbenen Zimmer sah (ich hatte nämlich vor, sie damit zu überraschen). Überflüssig, das Konzept weiter zu erläutern. Suche den Kontakt zu Deinen Kindern und versuche ihnen zu geben, was sie brauchen, nicht was Du glaubst, dass sie bräuchten. Nun, meine Tochter hatte ihre Bedürfnisse unterschätzt; ich hatte – meiner Meinung nach – am Ende nichts Überflüssiges gekauft.

12.

Lerne neue Fähigkeiten als Elternteil. Falls Du oder der andere Elternteil (bei dem das Kind seltener ist) nicht in der Lage sein, ein Ei zu kochen oder eine Aspirin zu geben, wenn das Kind Fieber hat, sollte das Problem gelöst werden, bevor die Kinder sich an Fertigpizza oder den ärztlichen Notruf gewöhnen. Jeder, der eine gute Mutter od. ein guter Vater sein will, wird nötige Schritte in diese Richtung unternehmen. Neue Kompetenzen und Fertigkeiten in Deinen Eltern-Service aufzunehmen *ist ein moralisches MUSS*, wenn der oder die Ex nicht mehr da ist um zu helfen. Wenn auf der anderen Seite der oder die Ex genug Geld hat, um ein Kindermädchen zu engagieren – warum nicht? Vorausgesetzt, dass das Kindermädchen sich nicht auch noch um die ganzen Hausaufgaben und die gesamte Freizeit des Kindes kümmert.

13.

Vermeide Promiskuität. Im letzten Kapitel habe ich hervorgehoben, wie wichtig es ist, dass es Dir mit dem oder der neuen Partnerin ernst ist, bevor Du ihn/sie mit nach Hause bringst. Man könnte argumentieren, dass Deine Kinder eine Mutter und einen Vater haben, und wenn jemand zu Besuch kommt und über Nacht bleibt, dann ist es Deine Privatsache und geht niemanden etwas an, auch Deine Kinder nicht. Allerdings finde ich dieses Konzept streitbar. Das Zuhause, in dem Du lebst, ist auch ihr Zuhause. Die neuen Partner, die Du mitbringst, sind neue menschliche Elemente in ihrem Leben, und sie beginnen sich mental auf sie einzustellen. Kleinere Kinder gewöhnen sich an die Idee, dass diese Menschen vielleicht die Rolle eines Vaters oder einer Mutter übernehmen, besonders wenn der Kontakt zu dem anderen Elternteil unregelmäßig ist. Auf der anderen Seite läuft der Prozess der Annäherung nicht so glatt und bringt Zurückweisung und

Konflikte hervor *(„Er ist nicht mein Vater!" oder „Sie ist nicht meine Mutter!")*, die für die Kinder sehr schwierig sind, bis sie die Betreffenden endlich als Deinen neuen Partner akzeptieren. Diese inneren Anpassungsprozesse verlaufen nicht ohne ernste psychologische Probleme, wenn die neuen Partner, die Du mit nach Hause bringst, immer wieder und wieder andere sind. Ohne die Anzahl und die Auswahl Deiner Flirts und Partner einschränken zu wollen, was wirklich nur Dich angeht, könntest Du trotzdem das harmonische und ausgeglichene Leben Deiner Kinder respektieren, indem Du die Anzahl und Auswahl Deiner Partnerschaften einfach nicht zu Hause auslebst. Mach das, bis Du jemanden Besonderes gefunden hast, sodass Du stolz verkünden kannst: *„Hallo, Kinder, das ist Tarzan/Jane. Er/Sie ist meiner/e neue Partner/in."* Wechselnde Partner können nie eine Lösung sein, insbesondere, wenn Du Dich alleine fühlst und Du nach Liebe und nicht nach Sex suchst. Es ist ein Unterschied, ob dieser Lebensstil auf Deiner Entscheidung beruht oder auf der verzweifelten Suche nach aufrichtiger Liebe. Kinder fällen Urteile und weder vergeben sie noch vergessen sie! Eine moralische Einstellung kann in einer Familie, deren Boden aufgrund von Scheidung und ihren Komplikationen ins Schwanken geraten ist, eine zuverlässige solide Säule sein.

Jedenfalls stelle ich die Situation häufig drastischer dar, als sie denn am Ende ist, um Dich für Tatsachen und ihre Konsequenzen zu sensibilisieren. Die Realität kann viel leichter und freier sein, besonders wenn Du anfängst, wie eine glücklich geschiedene Person zu denken – wie jemand, der Träume hat und sie mit Freude umsetzt.

Von ganzem Herzen wünsche ich Dir eine…

Glückliche Scheidung!

ÜBER DIE AUTORIN

Rossana Condoleo ist eine eklektische Vordenkerin, internationale Buchautorin (Sachliteratur, Lyrik, Belletristik) und Coach/Lebensberaterin, die es sich zum Ziel gesetzt hat, Menschen dabei zu helfen, ein glückliches und erfüllteres Leben zu führen.

Sie berät bei Beziehungsproblemen und Lebenskrisen, Selbst-Entwicklung / Verbesserung / Behauptung, Umgang mit Stress, innere Balance, Zielsetzung und Motivation.

Sie ist selbst geschieden und wohnt in Ingolstadt a.d. Donau mit ihrer Tochter.

Erfahren Sie mehr über die Autorin und ihre Bücher unten:

www.rossanacondoleo.com

Lightning Source UK Ltd.
Milton Keynes UK
UKHW020810150321
380371UK00016B/1452